AF424100

ENRIQUE LUCAS
y una pregunta para Pessoa

KINTTO LUCAS

ENRIQUE LUCAS y una pregunta para Pessoa
© Kintto Lucas
Tintají, Quito, noviembre de 2015
ISBN: 978-9942-21-835-3
Portada: Arturo Castañeda Vera
Diseño e impresión: Komunicarte
Tel. 2258151

El hombre es del tamaño de su sueño.
Fernando Pessoa

Índice

Estado de ánimo

El internet acerca y desacerca al mundo, pero ahora, en este 2001, trae un correo electrónico que me acerca a mi mismo, en el que me dicen que fueron encontrados los restos de mi hermano, asesinado en 1976 en Bolivia, por el gobierno de Banzer cuando era dictador no electo. Entonces me trae también un montón de recuerdos que están ahí, y que de cuando en vez aparecen y golpean o acarician, según sea el ánimo de la memoria o de la soledad que anima la memoria.

Ahora miro la computadora y de alguna manera me imagino que estoy viendo a Enrique o Guille. ¡Qué importa el nombre hermano! Lo primero que se me ocurre es que nunca llegamos a conocernos y, sin embargo, nos conocimos tanto. Pero los pensamientos van de un lugar a otro como queriendo ubicar rincones pasados y pisados alguna vez, ideas, miradas, hechos marcados por el vértigo de una época que se construía en cada minuto.

Me acuerdo entonces cuando lo iba a visitar a Punta Carretas, aquel ambiente de solidaridad y ternura casi inimaginable entre aquellos jóvenes tupamaros presos que, como los de afuera, construían la historia en cada hacer, en cada decir, apurados a veces pero siempre construyendo.

Después vino el viaje al "destierro" en Chile para seguir edificando sueños, pero siempre con la mirada en el paisito. Se hizo responsable de propaganda en la dirección del MLN-Tupamaros en Santiago. Pero su capacidad de pensar estratégicamente le hizo ver un poco más allá el significado de la propaganda, y se dedicó a trabajar una película argumental que trascendería a nivel mundial mostrando el proceso tupamaro. ¿Quién mejor que Costa Gavras para dirigir esa película, e Yves Montand para protagonizarla? Entonces se dieron aquellos encuentros con el cineasta para asesorarle en el filme que llevaría el nombre de *Estado de Sitio*, y que cuenta un pedacito de la historia tupamara.

Luego vinieron los viajes a Cuba y la posterior residencia en Buenos Aires en aquel 1973, año del retorno del espejismo peronista al que fustigaba duramente, aunque lo entendía dentro del proceso histórico de Argentina.

En la capital de ese país había que crear la Junta de Coordinación Revolucionaria junto a Miguel Enríquez del MIR chileno, la gente del ELN boliviano y Mario Roberto Santucho del ERP, de quien dijo alguna vez que era una especie de Raúl Sendic argentino. Había que construir una estructura que unificara organizaciones revolucionarias en la palabra y en la acción, sobre todo en la acción. Era un desafío y se dedicó entero, como se dedicaba a cualquier desafío desde que era gurí, pero siempre estaba pensando en el paisito. En los compañeros que caían cada día, en los que trabajaban uniendo retazos para pelearle un lugar a la derrota.

No podía ver eso desde la otra orilla sin mojarse en el río, entonces en julio de aquel 73 se fue a Montevideo. En aquel tiempo mi hermano Daniel y yo vivíamos en Buenos Aires y cuando insistimos en ir a Montevideo en las vacaciones nos dijo que no podíamos movernos de allí. Sabía que si caía preso le podían presionar con nosotros.

Un compañero me decía el otro día, también por correo electrónico, que recordaba cuando su viejo lo fue a visitar en el penal de Libertad y le comentó que Enrique estaba en Uruguay. Me lo contaba con el asombro y la admiración que saben conservar los años.

Recordaba también los tiempos del liceo y aquellos viajes a Salto para reconstruir la memoria de nuestro viejo, que había muerto cuando él tenía doce años y yo dos, y la vieja se quedaba con cinco hijos a cuesta.

Batllista el viejo, pero de los de antes, jugado con su medicina de pueblo en aquel Constitución de los 50 y 60. Enrique buscaba así las raíces que permanentemente estamos buscando.

La situación de julio del 73 en Montevideo era demasiado jodida y los contactos fallaban uno tras otro, hasta aquel último que le aclaró el panorama. El compañero, que en ese instante estaba preso, llegó al lugar de la cita con los milicos atrás, pero lo vio y no lo cantó. Los había llevado al lugar masacrado por tanta tortura, pero lo vio y no lo señaló, transformando aquello en un alerta de cómo estaban las cosas. Lo único que quedaba era cruzar el charco nuevamente y seguir la construcción de la Junta, seguir produciendo recursos para un día regresar a reorganizar el MLN allá adentro del país, donde debía estar.

Pero a veces la historia corre más rápida que los pensamientos y las estrategias, y mientras él se jugabas en cada acción había otros, constructores del verso, que hablaban mucho y dividían. Como Enrique no estaba para versos, prefirió abrirse y seguir el mismo camino en otras tierras. *La revolución se hace en cualquier parte",* decía. Era demasiado joven y creía en la política como un manifiesto de la ética, ahora lo imagino demasiado ingenuo, sin la "calle" necesaria que tenían algunos. Entonces, como correspondía, repartió lo que le tocaba a cada quien y se fue a Bolivia tras una ilusión: la posibilidad de tumbar la dictadura de Banzer mediante la alianza del ELN con el ex presidente Juan José Torres (el general proletario lo había denominado Rodolfo Walsh) y su gente. Allí hubo que iniciar la construcción nuevamente, porque mucho de lo que decía tener trabajado la gente del ELN no era verdad. Pero bueno, no estaba para cuestionar versos sino para hacer, para seguir construyendo ese mundo mejor que vio construir en Cuba, había leído en los libros y lo vivió en aquella solidaridad de Punta Carretas.

Alguien podría decir ahora que sus acciones no eran pragmáticas sino demasiado soñadoras, idealistas tal vez. No sé, a mi se me ocurre ahora que sus acciones eran tupamaras, eran las actitudes que debía tener cualquier tupamaro en aquel momento.

Hace poco, conversando con algunos compañeros llegamos a la conclusión de que ser tupamaro era como una forma de ser o un estado de ánimo, más allá de la organicidad, el apego a una estructura o a un aparato. Creo que cada paso que daba él estaba marcado por ese estado de ánimo, por esa forma de ser.

Pero ahora, veinticinco años después, me dicen que sus restos están en La Paz mientras Banzer reprime a los campesinos, indígenas y trabajadores en las calles, igual que en aquel 1976. Entonces recuerdo que de la misma forma que él ponía todo en la construcción, había quienes ponían todo en la destrucción, y mediante el Plan Cóndor se unían para golpear a las fuerzas revolucionarias del Cono Sur. En uno de esos golpes llegan a él y a Silvetti (secretario de Juan José Torres), allá en Cochabamba. Un tiroteo de dos horas hasta dejar la última bala antes de caer en el combate según unas versiones; antes de caer herido y que lo lleven a morir en la tortura, según otras; antes de ser asesinado tras el enfrentamiento, según otras versiones. Después, el ministro del interior boliviano, general Pereda Azbún, se irá a reunir en Montevideo con el general Vadora y sus pares uruguayos en para darles cuenta que la red del Cóndor había cumplido su cometido.

La memoria de la soledad a veces nos transforma y hace que la palabra se duela. En todo caso, ahora, cuando la memoria de la soledad, y la palabra, y los ojos, y el alcohol y el correo electrónico acercan nuevamente a Enrique, me pregunto de qué sirven los restos.

Más allá de sus restos, o de un lugar donde llevarle alguna flor, está el recuerdo vivo de su hacer, la memoria viva de ese estado de ánimo de que hablaba antes. Cuando las redes del Cóndor siguen interconectadas, aunque supuestamente se terminaron en aquellos años. Cuando imponen el Plan Colombia, que es algo así como una continuación del Cóndor porque en esencia persigue los mismos objetivos. Entonces se me ocurre que lo importante es mantener vivo ese estado de ánimo.

Tal vez ni siquiera esté en la historia, que siempre es contada por los triunfadores. Eso no importa, estará ahí, aquí y en cualquier rincón, y por eso siempre habrá una oportunidad como esta para enviarle un abrazo y decirte que, seguramente, algún día *Habrá patria para todos*…

La detención

¿Habrá patria para todos? Las frases queridas como las palabras queridas son, a veces, como animales viejos guarecidos en la memoria. La memoria es como un laberinto donde las palabras convocan fantasmas que se parecen mucho a los recuerdos. Los recuerdos son retazos en la memoria...

Al abrir la puerta, el comandante de la guardia metropolitana no podía imaginar que aquel muchacho rubio y de buena presencia, más parecido a un mormón que a un guerrillero, era integrante de un comando tupamaro. El revólver 38 chocó con el estómago del policía, quien, un poco sorprendido y un poco asustado, se vio obligado a dejarlos entrar.

– Solo queremos explicarle algunos temas.
– A las órdenes, aseguro el policía todavía con dudas.
– No tenga miedo, nuestros enemigos no son ustedes, no son los policías. Nuestra lucha es por todos los oprimidos, y de cierto modo es también por ustedes, por el futuro de sus hijos...
– Pero ustedes matan inocentes.
– A veces nos podemos equivocar, pero no matamos inocentes. Nuestro enemigos son los ricos que los utilizan a ustedes para mantener sus privilegios. Cuando ustedes reprimen al pueblo, es para mantener la riqueza de ellos. La mayoría de ustedes son usados...
– No se equivoquen, muchos policías pensamos.
– Ojalá lo hagan y tomen conciencia de lo que hacen en nombre de los ricos, y de los poderes extranjeros. Mientras sigan reprimiendo y torturando obreros, deben cuidarse, porque la justicia popular tarde o temprano les llegará. Tenemos voluntad de dialogar, claro que si... Y

lo hemos demostrado, no somos asesinos como nos quieren mostrar los medios de comunicación que defienden los intereses del gobierno de los ricos y de las empresas extranjeras. Para los dueños del país ustedes no son nadie, son simples servidores que algún día les llegará la muerte y serán olvidados...

El guardia metropolitano comprendió las palabras de los jóvenes o fingió hacerlo. Pero ¿por qué no creerles? Eran muchachos bien educados, con caras de niños, con caras de buenos... que, tal vez, podrían tocar con sus palabras al menos sensible.
Cuando se fueron, llevaban las pocas armas que habían en la casa. La camioneta marchó lentamente hacia una estación de gasolina para cargar el tanque. Mientras esperaban fueron interceptados por dos camionetas de las Fuerzas Conjuntas.

"Después de intenso tiroteo fueron capturados cinco tupamaros", decían los diarios de la época. Mentían porque no hubo ningún tiroteo. Ese mismo día, los diarios también daban la noticia de un próximo viaje del presidente Jorge Pacheco Areco a Buenos Aires. En esa ciudad asistiría a desfiles militares y daría una recepción a su colega argentino en la embajada uruguaya. Durante
años el pueblo uruguayo asistirá absorto a los desfiles militares y a la represión. Con Pacheco comenzará la oscura noche.

Enrique tenía 19 años y fue detenido con Edda Fabri, Angel Yoldi, Ruben
Fernández y Bernardo Bulanti. Edda más tarde se fugaría de la cárcel de mujeres, pero sería nuevamente detenida. Será liberada en 1985 cuando, tras el retorno a la democracia, se decretará la amnistía para los presos políticos. Yoldi, que era maestro, se fugará dos meses después en la fuga conocida como *El Abuso*, pero regresará a prisión meses más tarde, en un procedimiento realizado por las fuerzas conjuntas en Paysandú, en el cual sería herido. Morirá en el Penal de

Libertad, con cáncer, meses antes de la amnistía general. Fernández seguirá en prisión y Bulanti irá al exilio.

En el trayecto hacia la cárcel central, los detenidos fueron golpeados brutalmente por los represores. Como forma de llamar la atención de los transeúntes, gritaban. Enrique recibió un culatazo en la cabeza que le provocó una herida y fue llevado directo al Hospital Militar. Estará ahí hasta que cicatrice y le trasladen a la cárcel de Punta Carretas dónde permanecerá un tiempo incomunicado, con la prohibición de recibir visitas.

Poco después de su detención, las fuerzas conjuntas rodean nuestra casa de José María Muñoz, ocupan el techo y los de las viviendas vecinas, entran y revisan cada cuarto. Atrás de una biblioteca esquinera en la que había muchos libros que cierto día, años después, tendremos que quemar, estaban escondidos dos revólveres. Pero antes de que entrarán Joaquín llamó a Daniel y le pidió que esconda las armas dentro de su campera.

Cuando los militares entraron a la casa, pidió enseguida hablar con el oficial a cargo del operativo, le dijo que Enrique no estaba ahí que había niños que estaban sufriendo porque les apuntaban con las armas y tenían miedo. Le pidió que dejara ir a Daniel a la casa de unos vecinos para que le atendieran porque se sentía muy mal…

Ellos sabían que él no se encontraba en la casa, porque ya estaba preso. Se sorprendieron y lo dejaron ir. Daniel salió entre los milicos agarrándose el estomago, como de dolor, para que no se le cayeran las dos armas. Dobló por Durazno y siguió hacia la Facultad de Arquitectura, donde alguien las recibió.

El prontuario de Enrique en la Dirección Nacional de Información e Inteligencia (DNII) dice que el *"causante (o sea él) fue detenido el día 25 de junio de 1971, próximo a la esquina que forman las calles Yaro y Durazno, por personal del Depto. Nº 5 y del Escuadrón de Prevención, en averiguación, en relación a su posible vinculación con grupos extremistas".* Dice además que portaba un revólver calibre 38 largo y que le incautaron *"un papel manuscrito relacionado con la Organización Terrorista del "Movimiento de Liberación Nacional" ("Tupamaros") y al ser allanado su domicilio (o sea nuestra casa en José María Muñoz, en la que el casi no vivía), también se ubicó material manuscrito relacionado con la Organización extremista mencionada".* El material manuscrito que decían haber encontrado cuando allanaron la casa, eran sus cuadernos de poesía que, dicho sea de paso, ¿a dónde habrán ido a parar?

El prontuario también dice que *"interrogado el causante"*, o sea Enrique, manifestó: *"que cree necesario un cambio de Gobierno por intermedio de la lucha armada; que se vinculó a la Organización por intermedio de una persona que conoce por un seudónimo".*

El 2 de Julio, un *"Juez Letrado"* lo procesó por el delito de *"Asociación para delinquir"*, según dice también su prontuario de Inteligencia mencionando un oficio del Departamento 5 de la DNII, emitido en esa misma fecha, dirigido a un Juez de Instrucción de Primer Turno y firmado por el inefable Sub Comisario Encargado Hugo Campos Hermida, quien luego fuera una de las piezas relevantes del Plan Cóndor, vinculado a la peor represión y violador de derechos humanos por convicción.

En Punta Carretas estaban detenidos varios dirigentes tupamaros, entre ellos Raúl Sendic. En julio se fugaron 38 tupamaras de la cárcel de mujeres y en agosto prohibieron las visitas a Punta Carretas. La única oportunidad de que los presos se comunicaran con sus familiares era por carta. En una de ellas, Enrique decía:

> Mamá: Estoy bien, con muchas ganas de verlos, pero por ahora parece que no podrá ser. No se preocupen por

mí, esto es muy tranquilo; me paso leyendo, también me están enseñando a trabajar en cuero y por otro lado tengo que cocinar. Espero que estén bien; cuídense mucho (ojo con las llegadas tarde) porque según pude escuchar la cosa se está poniendo brava.
Que Joaquín no duerma más en la pieza del frente. Tengan cuidado cuando vuelvan de noche. Sé que tendrán muchas cosas para contarme, pero esperen a que se reinicie la visita. Recibí todo lo que mandaron. No debías haber gastado, pero me alegré mucho. La pascualina estaba riquísima, justo que estaba pensando pedirte una. Te pasaste. No gastés plata, a lo mejor después necesitas. ¿Cómo está la abuela y los parientes? Besos para los que se acuerden y un abrazo para los amigos. Para ustedes un gran abrazo y un beso. Saludos de los muchachos. Enrique

PD: Tráiganme los libros de poesía que andan por ahí, cuando tengan tiempo. Escríbanme. La carta tiene que abarcar una carilla con letra de imprenta (para la censura, porque las leen antes de entregarlas). Las entregan en la puerta de entrada. El ánimo es alto. !Adelante! (Penal de Punta Carretas, Categoría Especial, Celda 258).

La cosas se estaban poniendo difíciles: asesinatos del escuadrón de la muerte, atentados contra casas de militantes de izquierda...

Años después, frente a los portones, mirando cientos de albañiles encargados de la remodelación de lo que será el Punta Carretas Shopping Center, volveré a recordar aquellos tiempos… El día gris se pondrá un poco a tono con los recuerdos. El Penal de Punta Carretas estará impávido, lleno de signos, lleno de fantasmas que atravesarán sus muros sin necesidad de túneles. Transformarlo en un shopping será la mejor manera de perpetuarlo como cárcel.

Punta Carretas

Por aquellos días de 1971 yo tenía 8 años y casi nunca faltaba a la visita. Para mi era todo un rito: levantarme a las cinco de la mañana, tomar un ómnibus, llegar mucho antes de la hora, parar en el boliche ubicado frente a la entrada, tomarme un capuchino con bizcochos, que era una de las razones por las cuales no faltaba. Luego pasar por la caseta de revisación sin que me revisaran por ser gurí, llegar hasta el lugar donde estaban los detenidos, charlar, salir, pasar nuevamente por la caseta, llegar a la calle, caminar hacia la costa y sentir aquella sensación inexplicable que me producía el mar y su libertad, para luego volverme nuevamente hacia la mole con su encierro.

Cuando se reanudaron las visitas, volvió la rutina de cada sábado. Según la nueva orden, todos debíamos ser revisados. Los gurises chicos pasábamos por el mismo lado que las mujeres y a mí generalmente no me revisaban. ¿Para qué revisar a los niños?, decían las agentes. A las mujeres las hacían desnudar. Aprovechando la ventaja que significaba la "no revisación", sacaba información en pequeños papelitos que luego eran recogidos por alguien en un boliche. No tenía miedo. "*Otros niños deben hacer lo mismo*", pensaba. Y además ya tenía la coartada. "*Si me agarran, la consigna es: no sé nada, me los pusieron, pero no recuerdo quien*". Obviamente que si obtenían esos papelitos era muy posible que llegaran al autor. Por otra parte, al primero que irían sería a Enrique. Pero nunca pasó nada.

Cuando las visitas al Penal fueron nuevamente permitidas, una cerca de alambre hasta el techo separaba a presos de visitantes. Antes la separación consistía en una larga mesa, pero cierto día Raúl Bidegain recibió la visita de su hermano y cambiaron de lugar. El que estaba detenido salió libre como visitante y el visitante quedó dentro.

El sábado 4 de septiembre le llevamos a Enrique un par de botas que nos había pedido la semana anterior. La alegría era común en las visitas, los chistes, las bromas... Aquel día, el ambiente era más festivo. En la despedida aquel "*hasta la semana que viene y buen fin de semana*", tuvieron un énfasis poco común en los presos. Había un optimismo que se transmitía de adentro hacia afuera. Algo anunciaba.

A las 4 y 10 de la mañana del lunes 6 alguien llama a la Jefatura de Policía.

    – Soy el propietario de una de las casas que están frente al Penal de Punta Carretas, por Ellauri. Se acaban de fugar como cien presos.
    – No puede ser. Espere un momento que llamamos a la cárcel... Dicen en la cárcel que todo está normal.
    – Pero señor hicieron un túnel que desemboca en mi casa. No le estoy mintiendo.
    – Disculpe pero no moleste señor.

Minutos después de esa conversación el Director del Penal pasó con una linterna por las celdas.

    – ¡No hay nadie!.
    – ¡Acá tampoco!.

La bronca le saltaba. Los presos que se quedaron, miraban por las mirillas de sus celdas y se reían. "*Ojalá les vaya bien*", pensaban.

Los operativos de las Fuerzas Conjuntas se multiplicaron en toda la ciudad. En casa, me despierto apuntado por una ametralladora. El militar al ver que estaba tapado hasta la cabeza me quitó la frazada, no se dio cuenta que era un niño. Cuando me vio quedó un poco nervioso y bajó el arma. Creo que me asusté, pero no mucho, lo suficiente. Estaba bastante acostumbrado a que las fuerzas conjuntas allanaran la casa y se llevaran preso alguno de mis hermanos.

– Buscamos a Enrique Joaquín Lucas López.
– Está preso en Punta Carretas, contestó mi Vieja.
– Se acaba de fugar.
– No sabíamos, ¿cómo fue?, preguntó un hermano.
– Se escaparon 30 presos.

Hubo cierto regocijo. Más allá de que Enrique hubiera escapado o no, era un golpe histórico al gobierno.

– ¿Usted como se llama?
– Joaquín Enrique Lucas
– ¿Me está tomando el pelo?
– Yo soy el que le sigue a Enrique... nos llamamos así.
– Me va a tener que acompañar.
– Espere, y cómo sé que ustedes no son del escuadrón de la muerte, retrucó Omar, mi otro hermano.
– No se preocupe, pero si usted quiere venir junto...
– No, dejá. Cuando se den cuenta que no soy Enrique me largan.
– Si no es, no va a tener problemas.

Joaquín y Omar se alegraron, aunque no sabían cómo había sido la fuga y si realmente Enrique se había escapado. En todo caso, el hecho era una buena noticia. Ahora si había una razón para el optimismo de la visita anterior. Antes de que se llevaran a Joaquín, mamá le puso sobre los hombros un abrigo largo de los que se usaban en esa época: *"Lleve un sobretodo para que se proteja del frío mijito"*. Pero él se lo sacó y devolvió diciéndole que no hacía frío. Omar se dio cuenta que algo tenía ese abrigo, entonces rápidamente lo agarró y dijo *"mamá ese está muy viejo"*. Finalmente le pasaron otro, si no en la celda no iba a aguantar el frío. Nadie entendió muy bien la escena del abrigo, pero estaba lleno de volantes del MLN.

Montevideo estaba sitiada por el ejército que desde aquel día tomaba el exclusivo combate a los tupamaros. Horas después llegó la noticia: *"los presos evadidos son 106, quienes atravesaron la calle por un túnel construido durante un par de meses"*.

Enrique que había participado en la excavación y construcción del túnel, no se fugó. Se cambió de celda el día antes y dejó su lugar en la que daba hacia el túnel. No tenía un proceso judicial complicado y se manejaba que en unos meses podría salir desterrado a Chile.

El Abuso, la fuga, fue un duro golpe para el gobierno y las fuerzas represivas. Faltaban dos meses para las elecciones nacionales. Bili Rial que fuera testigo directo de la fuga relató a la prensa:

> Anoche a las 7 estaba solo en la casa cuando se presentó un hombre joven que tenía colgado un estetoscopio. Este, casi sonriendo me dijo 'quédese tranquilo, soy tupamaro y venimos a tomar esta casa y la de enfrente…'. Entonces entraron varios, me colocaron en una habitación y posteriormente llevaron a mi madre (Dolores del Castillo de Rial, periodista de *El Diario*) y más tarde a mi novia… Dos vecinas que vinieron a mi casa mientras estaban los tupamaros, también fueron llevadas a la misma habitación (…). Un hecho casi gracioso ocurrió cuando hablé con la policía, a las 4 y 10 de la madrugada aproximadamente. Les comuniqué la fuga y no me creyeron… Desde la Jefatura de Policía me contestaron: *'no puede ser. Un momento que llamamos a la cárcel'*. Y luego agregó el funcionario: *'dicen en la cárcel que todo está tranquilo'*.

Tras la fuga, el MLN-T liberó al embajador británico Geoffrey Jackson, que estuvo detenido ocho meses en *La Cárcel del Pueblo*, en perfectas condiciones. Meses antes, Enrique había participado en la detención del diplomático inglés. A Joaquín lo soltaron luego de torturarlo y tenerlo algunos días detenido. Punta Carretas ya no ofrecía seguridad para el régimen. Por eso, se apuraron las obras para poner en funcionamiento el Penal de Punta de Rieles. Así, semanas después, junto a los pocos tupas considerados más "*peligrosos*" que quedaban, sería trasladado a la nueva cárcel.

En su prontuario de la DNII, con fecha del 25 de noviembre dice que *"El Poder Ejecutivo ordenó su "internación" en "Dependencia de la Región Militar Nro. 1 (Punta de Rieles)"*.

Para mi esa cárcel tenía el aspecto de los campos de concentración que había visto en las películas sobre la Segunda Guerra Mundial. Fue inaugurada por el gobierno de Pacheco Areco cuarenta y cinco días antes de las elecciones de 1971, para recluir a los tupamaros. Estaba ubicado a quince kilómetros del centro de Montevideo y según el Ministro del Interior de la época presentaba una infraestructura adecuada para parar con las fugas tupamaras.

Teníamos que tomar dos colectivos, luego caminar bastante y pasar tres revisaciones para llegar al lugar de la visita. Las celdas tenían una pequeña ventanita con rejas, desde donde los presos nos gritaban y hacían chistes cuando íbamos llegando.

El lugar de visitas era una pieza de unos cuatro metros de ancho por cinco de largo, media pared de bloques y una tela de alambre hasta el techo separaba a los visitantes de los presos. Entraban unas quince personas en cada grupo de visitantes. Enrique estaba en la misma celda que Gabriel Bidegain, hermano de Raúl, quien había quedado detenido luego del famoso *"cambiazo"*.

La campaña electoral entraba en su punto más alto. Muchos esperaban ese noviembre de elecciones con esperanza en el recién surgido Frente Amplio, nacido de un sueño de unidad de la izquierda uruguaya, que se concretó aquel 26 de marzo.

En diciembre del 1970 el MLN había hecho público su apoyo al Frente, enfatizando en el punto cinco de la proclama:

Mantenemos nuestras diferencias de métodos con las organizaciones que forman el Frente y con la valoración táctica del evidente objetivo inmediato del mismo: las elecciones. Sin embargo, consideramos conveniente plantear nuestro apoyo al Frente Amplio. El hecho de que éste tenga por objetivo inmediato las elecciones, no nos hace olvidar que constituye un importante intento de unir a las fuerzas que luchan contra la oligarquía y el capital extranjero. El Frente puede constituir una corriente popular capaz de movilizar un importante sector de trabajadores en los meses próximos y después de las elecciones. Es, o puede ser un instrumento poderoso de movilización, de lucha por un programa nacional y popular, por la libertad de los presos políticos y sindicales, por la restitución de los despedidos, por el levantamiento total de las medidas de seguridad y de los decretos dictados bajo su amparo.
Al apoyar al Frente Amplio entonces, lo hacemos en el entendido de que su tarea principal debe ser la movilización de las masas trabajadoras y de que su labor dentro de las mismas no empieza ni termina con las elecciones.

Si bien no era oficial, el Movimiento de Independientes 26 de Marzo, representaba al MLN dentro del Frente. El sueño de Intendencia era muy grande. Los Comité de Base alumbraban la vida de los barrios montevideanos y hacían un trabajo de inserción que era difícil en el interior. Durante la campaña en el Comité ubicado en Juan Paullier, cerca de la casa hubo varios actos, pero recuerdo uno que estuvo Daniel Viglietti, al que fuimos con Omar. La gente en coro cantando *"la sangre de Tupac, la sangre de Amaru, la sangre que grita libérate hermano"* todavía emociona. Cuando escucho esta canción, y recuerdo aquel acto, y recuerdo las visitas en Punta Carretas se escapa alguna lágrima, pero siempre vale la pena volverla a escuchar.

De alguna forma todo parecía llenarse de colores y, sin embargo, la muerte se fue imponiendo. Fraude electoral, sueños robados, más detenciones, más torturas y la espera de un pueblo… Punta de Rieles iba aumentando su población ya que todos los presos políticos que el poder ejecutivo se negaba a dejar en libertad, incluso teniendo pronunciamiento judicial a favor, eran enviados hacia allí.

Tiempo después, cuando se inaugure el Penal de Libertad y los presos sean trasladados a esa cárcel, Punta de Rieles será convertida en prisión para las presas políticas. El tratamiento inhumano que sufrirán las mujeres en los años siguientes, ya entrada formalmente la dictadura será condenado por diversos organismos defensores de los derechos humanos a nivel internacional.

Allí estará Enrique hasta marzo de 1972, cuando finalmente será deportado a Chile, donde pasará a integrar la dirección tupamara en el exterior. De los fugados, muchos volverán tiempo después a la cárcel y estarán presos más de 12 años, otros serán asesinados por el ejército el 14 de abril... Omar y Joaquín se irán a Chile, luego a Cuba dónde estarán años, hasta que uno regrese y el otro se marche mirando el mar del Caribe dieciséis años después, tal vez pensando que nunca pudimos conocer bien a nuestro viejo.

El Viejo

Cuando se murió nuestro viejo con 47 años, Enrique tenía trece y yo iba a cumplir los dos, Joaquín estaba con once, Omar tenía nueve y Daniel seis. Médico jugado por la gente en aquel pueblo de Constitución de fines de los 50 y comienzo de los 60, golpeado por la pobreza de caña de azúcar y cañeros, o "peludos" como les decían, hizo de la medicina una forma de lucha social. Hombre libre, reivindicaba la ética en la construcción de un mundo mejor, del templo social. Batllista de ley, ateo, masón, gran tipo. Me hubiese gustado conocerlo...

Creo que Enrique tampoco lo pudo conocer bien, creo que recién estaba empezando a conocerlo, y a todos nos quedó, de distintas formas, una laguna por no haberlo conocido.

En Punta Carretas, durante una conversa con Sendic, él le comentó que por el 59 cuando pasó por Constitución para organizar la Unión de Regadores y Destajistas de El Espinillar (URDE), papá le dio las primeras armas para defenderse y defender los trabajadores que empezaban a sindicalizarse. El viejo se había solidarizado con la Asamblea de creación que se hizo en el cine Constitución y cuando estalló la huelga en enero del 60, rechazó la militarización de El Espinillar y la persecución a los trabajadores y se solidarizó con ellos.

A Sendic lo sorprendió su amabilidad y su pensamiento, su reivindicación del batllismo y del socialismo. Y se sorprendió más, cuando siendo dirigente batllista, le dio las armas y le dijo que tanto él como los compañeros que estaban formando el sindicato necesitaban tener medios de defensa ante las reacciones que ya se estaban dando desde los patrones y desde los terratenientes, y que podían ser peores.

Con las palabras de Raúl, el sorprendido fue Enrique. Aunque
no tanto, porque recordaba la reivindicación de la lucha
sindical de los "*peludos*" que hacía papá. Y recordaba
también su admiración por el proceso revolucionario cubano,
la colección de Revistas Bohemia relatando la Revolución
paso a paso en el 59. ¿Dónde habrán quedado aquellas
revistas? ¿En qué fuego?

Muchos años después que Enrique, también buscaré
reencontrarme con la historia del viejo, que será una forma de
reencontrarme un poco conmigo mismo. El poema
Despedida, escrito en Montevideo en enero de 1947, es parte
de un poemario dedicado a mi vieja, que dice mucho de la
forma de ser de papá:

> Si decir esto pudiera,
> cuando ya me sienta ir,
> no temería morir,
> por mucho dolor que fuera…
> Ya me voy de la vida,
> no le debo nada a nadie,
> estoy al día con todos.
> Lo que tengo lo gané,
> Lo que me deben olvido
> Si amor me dieron amé.
>
> Si me insultaron callé,
> que contestar el insulto
> es cobardía de necios.
>
> Para los buenos fui bueno,
> a los malos olvidé
> Fui altivo con los soberbios
> y con los simples humilde.
> La envidia no me empañó,
> a muchos desee igualar
> y luché con buenas armas.
>
> Si la calumnia me hirió,

reí y seguí adelante,
que la risa es a los viles,
lo que al diablo son los santos
(esto no es más que figura,
creyente no puedo ser,
que el Bien, con el Bien se gana
y no con rodillas y rezos).

Exigí lo que era mío,
lo que gané con mis obras.

Nunca mentí, no engañé,
ni tampoco permití
el halago inmerecido.

Fui hombre por lo que soy
y no por apariencia externa,
que la vida de prestado,
es como la luz de la luna,
hermosa… pero reflejo.
Hipócrita, no pude ser:
lo que pensé siempre dije
y quizás por tal motivo,
coseché muchos enojos.

Si reí, fue para todos,
cuando lloré nadie vio,
que las tristezas son nuestras
y los demás no quieren penas.
No supe ser "media tinta"
y en el sentir sentí entero
lo bueno como lo malo.

Viví como hombre íntegro
con toda el alma y el cuerpo:
sufrí, gocé, maldije;
hice bien, me hicieron mal
más la Verdad siempre dije,
sin rodeos, cara a cara

y de nada me arrepiento.

Sin curas, cruces ni rezos,
al irme ya, me confieso,
para mi propia conciencia.

Hago un alto en el camino,
miro adentro y veo que soy,
lo que un hombre debe ser:
Por su corazón: Amor
Por su espíritu: Belleza
Por su inteligencia: Luz
Ya en el último escalón
paz y dulzura tengo.

Nada temo, estoy sereno,
que si, por mi mal, fui bueno,
también, por malo, cobré.
Puedes, ya, muerte, venir,
no he de ser cual los demás,
que al verte avanzar voraz
gimen, tiemblan, ruegan, lloran,
y cobardes a un Dios imploran,
sin comprender que vivieron,
de vanidad e ilusiones:
llenos de cosas por fuera
y muy vacíos por dentro…

Las páginas del semanario *Antorcha –La Luz de la Verdad–*,
de Constitución, del 20 de diciembre de 1956, acercan un
homenaje al viejo y el reconocimiento del pueblo, luego de
que algún dirigente político había tratado de desprestigiarlo.
La crónica de Julio Rodríguez es un testimonio de ese
sentimiento de gratitud hacia un médico comprometido con su
gente. Titulada *"El pueblo rodeó al Dr. Enrique Joaquín
Lucas"*, decía en una parte:

Efectivamente eso fue lo que sucedió, de ahí que
podamos afirmar:

Constitución quiere a su médico y valora su fecunda obra. No nos bastemos con leer los discursos dichos en el acto: para quienes estuvimos allí, para quienes estuvimos siempre en contacto con su trabajo y lo hemos tratado no es difícil comprender aquella afirmación, difícil es en cambio para quien se propone reseñar estas cosas, llevar al lector que no estuvo allí toda la profundidad, todo el contenido de aquel acto. (…) Con todo, trataremos de hilvanar en esta nota, aunque sea los detalles más salientes de una demostración popular donde Constitución, su pueblo con el apoyo incondicional de sus autoridades, ha expresado soberanamente sus profundos sentimientos de afecto al amigo y de gratitud. (…) ¿Motivos especiales dieron lugar a estos actos? No interesa. El caso es que el Dr. Lucas necesitaba ser resarcido de la injusticia" (…) El acto en sí se desarrolló a tono con la circunstancia y en el que si algo faltó fue precisamente, lo que estaría demás allí, pues no hubo en el mismo, más que palabras que muchas veces quedaban ahogadas por la emoción y otras que se humedecían con las lágrimas de muchas madres, hermanos u otros seres que viendo ante sí, al Dr. Lucas rodeado de su esposa, su madre y hermanos, no hallaban otra excepción que esa: las lágrimas. (…) Más de quinientas personas se hicieron presentes ante el llamado formulado por el Comité de Homenaje al Dr. Lucas.

También mencionaba las adhesiones de escuelas, sindicatos de trabajadores, clubes de fútbol, comisiones barriales, la seccional policial, familias y personas. Entre los regalos, tal vez el más importante fue *"un aparato toma presión, que según los entendidos es la última palabra de la materia"*, muy importante para la Policlínica de Constitución en una época de difíciles condiciones económicas. Por su parte el presidente del Comité de Homenaje, Luis Pérez, al intervenir en el acto contó una anécdota que intentaba mostrar cómo era el viejo:

Para el Dr. Lucas no existe hora de consulta, no existen distancias, no existen días de mal tiempo. Todos los días y todas las horas son hábiles para él. Quiero traer a colación un hecho que hace poco tiempo me enteré y es el siguiente: el Dr. Lucas fue llamado urgente de Palomas, llovía, el arroyo Palomas estaba crecido; pero para el Dr. Lucas no llovía y el arroyo no estaba crecido, para el solo había un enfermo, una vida que requería sus servicios, una vida que salvar. Y bien señores el Dr. Lucas tomó el taxi y se dirigió a Palomas, llegó al arroyo y no pudo pasar el coche, con decisión envidiable dijo al conductor: no, no tiene importancia, consíganme un caballo y todo está solucionado. Así ocurrió, vino el caballo, y el Dr. Lucas, este hombre que lo tenemos a nuestro lado, este amigo que tenemos aquí, cruzó el arroyo crecido, con su valija con el instrumental necesario llego a su destino.

Allí lo esperaba un enfermo, allí lo esperaba una familia ansiosa. El enfermo fue atendido, el médico había llegado. ¿Cómo había llegado? Eso lo sabia solo él y su corazón, ese corazón noble y generoso, abierto siempre a las buenas acciones. El pueblo de Constitución no se enteró de ese hecho, no se enteró porque su modestia no permitió que se divulgase. Por eso ahora pido perdón al Dr. Lucas por haber divulgado un episodio que tal vez él hubiese querido mantenerlo en la incógnita. Pero las obras buenas tienen que conocerse, y obras como estas tienen que tener el reconocimiento popular y que todos se enteren que tenemos un medico desinteresado y leal a su profesión, que la abrazó con todo su corazón, con todo amor en bien de la colectividad.

Para finalizar destacó la generosidad *"del Dr. Lucas cuando, una y mil veces el paciente carece de recursos para la adquisición de los medicamentos necesarios, el Dr. Lucas los ha costeado de su propio peculio llevando así la tranquilidad a esos hogares sin recursos a los cuales les ha solucionado un problema, ha mejorado un enfermito, ha dejado alegre a una madre afligida, ha aliviado la pena de una familia indigente que solo con la presencia del médico y su filantropía, ha ganado mucho en tranquilidad"*. Finalmente, las palabras de papá describían su sentimiento:

¿Cómo expresarles mi profundo agradecimiento por este acto que me emociona hasta las lágrimas? ¿Cómo decirles que esta demostración de afecto que se me brinda va más allá de mis merecimientos por muchos y bien ganados que ellos sean? Soy hombre de corazón y como tal vivo; lo que hago en este Pueblo, poco o mucho, grande o chico, lo hago por temperamento, sin darme cuenta casi de su valor. Quizá por esta razón y, aunque no me lo reproche mi conciencia, acepté sin muchas dudas este homenaje, cuya magnitud y espontaneidad aniquilan toda posible expresión verbal del sentimiento. Recién comprendo que he ganado algo y que no he vivido en vano, que como miembro de esta comunidad he sabido cumplir con la misión que el destino me deparó en suerte… y ello alegra mi corazón en los más íntimo, compromete mi gratitud por siempre. Y es un estímulo para seguir trabajando sin desmayos… Cuando estas cosas ocurren en la vida de un hombre, es preciso tener la mente muy despejada y el animo muy tranquilo, para evitar que la sentida modestia se transforme bien pronto en inmodestia o aún mismo en petulancia, y yo soy muy modesto, sincera y profundamente modesto. Y soy además humilde: no me interesa ni tuve nunca en mi ánimo, el afán de figuración, por eso quiero tomar esta demostración grandísima de afecto y de reconocimiento público a mi humilde persona, en la justa medida de su magnitud, es decir, como simple culminación de una etapa en mi paso por la vida; si merezco el honor de otra jornada como esta, el tiempo y los hechos lo dirán.
Tal como soy ahora, lo he sido siempre, y lo seguiré siendo: ninguna circunstancia, por dura que sea, y muy fuerte que me golpee, logrará desviarme del camino… No me envanece la conquista de un título de médico ganado desde muy abajo; podría ser orgulloso y

arrogante: me he abierto paso en la vida, desde la nada; podría en fin, creerme un ser superior, pero mi carácter no se prestó nunca para ello. Soy simplemente uno más en el conglomerado social que me rodea y desde el puesto de combate que me ha tocado en suerte, pongo todo mi esfuerzo para ser digno de la sociedad en que vivo… y no quedan muchos quijotes en el mundo. Yo tolero golpes e impertinencias, no por ser Quijote sino porque mi camino está trazado, y si no olvido la meta llegaré al fin dónde quiero. Tengo corazón para absorber las injusticias, me sobra voluntad para la lucha y paciencia para esperar…

En este momento de emoción pura en el que culmina una etapa de mi vida, el corazón se regocija en lo más íntimo y es justicia recordar a quienes hicieron posible este triunfo, es decir, mis padres y mis hermanos todos, a mi madre a quien rindo en este momento homenaje de sentido amor filial; a mi hermano Juan, consejero y amigo, guía invalorable en esa etapa nebulosa de la vida en que se empieza a ser hombre responsable. Quiero que presentes y ausentes compartan conmigo este homenaje, para ellos un merecido premio a sus desvelos. No quiero olvidar tampoco a mis inmediatos colaboradores, Justicia Esmeralda De María, Ramona Solís, D. Ramón Roque Escobar, quienes comprenden mi esfuerzo y viven conmigo los problemas y dan de su capacidad, más de lo que es su estricto deber, para que yo pueda cumplir correctamente con la asistencia médica de este pueblo…

Y una palabra final para mi esposa, consejera y amiga, compañera silenciosa y resignada en este lucha a cuya devoción debo mucho, yo le digo: he aquí querida el premio a mis desvelos, juntos hemos batallado sin desmayos, juntos hemos compartido el acíbar de la injusticia, es justicia que recibamos juntos los laureles de este acto grandioso que prácticamente todo un pueblo nos brinda: el nos resarce con creces de algunos sinsabores pasados y reafirma nuestra confianza en el porvenir. Pueblo de Constitución, Autoridades, Señores miembros del Comité Organizador de este acto, señoras y señores, amigos míos: desde el más recóndito secreto de mi ser moral y afectivo, en mi nombre y en el de mi esposa, en el nombre de todos cuantos han contribuido para que yo ganara este imborrable momento. Muchas gracias. Todos han sido muy buenos.

Ho Chi Minh y el FER

El destino a veces es complejo, intrincado, difícil de entender, si es que existe... Dos años después de la muerte del viejo, cuando tenía quince años, en 1967, Enrique optó por el camino revolucionario, y junto a otros estudiantes participó en la fundación del Frente Estudiantil Revolucionario (FER). En aquel mismo año se editó *Cien años de soledad*, de Gabriel García Márquez, que se convierte en el mejor ejemplo del realismo mágico, un "*género literario*" latinoamericano que, sirviéndose del subrealismo, mezcla lo mítico y lo cotidiano para captar la historia y la cultura. Quién no recordará años después aquel párrafo de inicio que dice así: "*Muchos años después, frente al pelotón de fusilamiento, el coronel Aureliano Buendía, había de recordar aquella tarde remota en que su padre lo llevó a conocer el hielo*". Un libro que Enrique nos recomendará tantas veces, junto a *Rayuela*, la gran novela de Julio Cortázar.

Ese mismo año intelectuales y artistas estadounidenses promueven grandes manifestaciones contra la guerra de Vietnam. La Carta enviada por Ho Chi Minh al presidente de Estados Unidos Lyndon B. Jonson, en respuesta a un mensaje anterior del mandatario provoca un remezón en la opinión pública estadounidense.

Alguna vez Enrique diría que tal vez era unos de los manifiestos políticos más importantes y trascendentes del siglo XX por su significado y porque desenmascaraba a Estados Unidos mostrando los hechos sin necesidad de caer en el panfleto. Esa carta dice así:

> Vietnam se encuentra a miles de kilómetros de Estados Unidos. Los vietnamitas nunca han hecho ningún daño a Estados Unidos, pero Estados Unidos ha intervenido de forma continuada en Vietnam, en abierta contradicción

con las promesas realizadas por su representante en la Conferencia de Ginebra de 1954, y ha intensificado la agresión militar contra Vietnam del Norte para prolongar la división de nuestro país y convertir a Vietnam del Sur en una colonia y en una base militar. Desde hace dos años, el gobierno de Estados Unidos mantiene una guerra contra la República Democrática de Vietnam, un país independiente y soberano, con el apoyo de sus fuerzas aéreas y navales. El ejército de Estados Unidos ha cometido crímenes de guerra, crímenes contra la paz y contra la humanidad. En Vietnam del Sur, medio millón de soldados de Estados Unidos y de sus aliados utilizan el armamento más inhumano y las estrategias militares más bárbaras posibles. Usan napalm, armas químicas tóxicas y gas para masacrar a nuestros compatriotas, destruir las cosechas y arrasar pueblos enteros. Miles de aviones de Estados Unidos han arrojado cientos de miles de toneladas de bombas sobre Vietnam del Norte, destruyendo ciudades, pueblos, industrias y colegios. En su mensaje parece lamentar el sufrimiento y la destrucción que sufre Vietnam. Permítame entonces que le pregunte quién ha cometido esos monstruosos delitos. Ha sido Estados Unidos, y sus aliados. El gobierno de Estados Unidos es el único responsable de la gravísima situación que se vive en Vietnam. La agresión militar de Estados Unidos contra el pueblo de Vietnam constituye un desafío a los países socialistas, una amenaza para el movimiento de independencia nacional y un grave peligro para la paz en Asia y en el resto del mundo. Los vietnamitas aman profundamente la independencia, la libertad y la paz. Pero se han levantado como un solo hombre ante la agresión de Estados Unidos, sin temor a los sacrificios ni a las penalidades. Están decididos a seguir resistiendo hasta conseguir la verdadera independencia, la libertad y la paz. Nuestra justa causa despierta el apoyo y un fuerte sentimiento de solidaridad entre los ciudadanos de todo el mundo, incluidos muchos sectores de la sociedad estadounidense. El gobierno de Estados Unidos ha desatado una guerra contra Vietnam y la agresión debe cesar. Es la única forma de restaurar la paz. El gobierno de Estados Unidos debe detener sus bombardeos y todos los demás actos de guerra contra la República Democrática de Vietnam, definitiva e incondicionalmente. Debe retirar de Vietnam del Sur a todas sus tropas, propias y aliadas; reconocer al Frente Nacional de Liberación de Vietnam del Sur, y permitir que sean los ciudadanos vietnamitas quienes solucionen sus propios asuntos. Ésta es la base de los cinco puntos que mantiene el gobierno de la República Democrática de Vietnam, y que incluyen los principios esenciales de los Acuerdos de Ginebra de 1954 sobre Vietnam. Es la base de una solución política adecuada al problema de Vietnam. En su mensaje sugería el establecimiento de conversaciones directas entre la República Democrática de Vietnam y Estados Unidos. (...) Sólo después de un cese incondicional de los bombardeos y de todos los demás actos de guerra contra la República Democrática de Vietnam, podrán los dos países iniciar conversaciones y dialogar sobre las cuestiones que nos afectan. Los vietnamitas no se rendirán nunca ante la agresión, y no aceptarán conversaciones bajo la amenaza de las bombas. Nuestra causa es absolutamente justa. Sólo cabe esperar que el gobierno de Estados Unidos actúe de forma racional.

Para Enrique, el pueblo vietnamita y Ho Chi Minh eran parte del mejor ejemplo de lucha en la historia del siglo XX. Aquel disco de Víctor Jara, *El derecho de vivir en paz*, era uno de sus discos favoritos, un disco de todos. Y aquella canción nos traía la vida del Tío Ho.

Sus palabras y esa canción me hicieron interesar por el camino de ese pueblo que luego aprendí a querer y a admirar. Muchos años después, cuando visite Hanoi como vicecanciller de Ecuador, camine por sus calles, converse con combatientes que sobrevivieron a la guerra y reciba el Botón de Oro Ho Chi Minh, volveré a pensar en mi hermano y en mi viejo...

También en 1967 muere asesinado en Bolivia, Ernesto Guevara, quien se transformará en un símbolo de la juventud latinoamericana en los años siguientes. Un símbolo de la lucha. Me imagino que el camino del Che tendrá también mucho que ver con la decisión que tomará Enrique años después, cuando decida ir a combatir a Bolivia.

Las palabras del Che serán siempre parte de su camino. "*Quien aspire a ser dirigente tiene que poder enfrentarse, o mejor dicho, exponerse al veredicto de las masas, y tener confianza de que ha sido elegido dirigente o se propone como dirigente porque es el mejor entre los buenos, por su trabajo, por su espíritu de sacrificio, su constante actitud de vanguardia en todas las luchas que el proletariado debe realizar a diario para la construcción del socialismo*", aseguró el Che en un discurso de 1963. "Nuestros ojos libres hoy son capaces de ver lo que ayer nuestra condición de esclavos coloniales nos impedía observar: que la 'civilización occidental' esconde bajo su vistosa fachada un cuadro de hienas y chacales", dijo durante su discurso en la ONU (Organización de las Naciones Unidas) en 1964".

También argumentó ese año en una entrevista con la televisión estadounidense: "*No ponemos condición de ninguna clase a los Estados Unidos. No queremos que ellos cambien su sistema. No pretendemos que cese la discriminación racial en los Estados Unidos. No ponemos condición alguna para el establecimiento de relaciones, pero tampoco aceptamos condiciones...*".

Un año después, en el 68, las reivindicaciones de los trabajadores y los estudiantes uruguayos sufrían el aumento de la represión gubernamental. El FER se consolidaba como un referente estudiantil y Enrique se dedicaba enteramente a fortalecerlo.

El IAVA (Instituto Alfredo Vázquez Acevedo) era un bastión, pero la idea era llevarlo a otros liceos e institutos secundarios. En esa época vivías con unos tíos y a veces ibas por la casa. Era difícil para la vieja mantener a los cinco. Ese fue un año rebelde en el mundo. El año en que se hizo célebre la consigna *"¡prohibido prohibir!"*.

Los jóvenes de diversos países se levantan para protestar contra sus gobiernos y pedir la liberación cultural, social, económica y política. Los estudiantes de París humillan a la Quinta Republica del hasta entonces "todopoderoso" presidente francés Charles De Gaulle. En Checoslovaquia la denominada Primavera de Praga cuestiona el modelo autoritario surgido del stalinismo y mueve el piso del bloque soviético. También en 1968, pero en Estados Unidos, son asesinados dos líderes que marcaron la historia contemporánea de ese país: Martín Luther King y Robert Fitgerald Kennedy, hermano del ex presidente estadounidense.

En América Latina, en febrero de 1968 en Colombia muere en un enfrentamiento con el ejército Camilo Torres, el cura guerrillero, fundador del Ejercito de Liberación Nacional de ese país. Cuando Enrique lo mencionaba, recordaba la oscura historia de la Iglesia Católica y señalaba la importancia de que curas como Camilo se integraran a la lucha de los pueblos en América Latina. El Concilio Vaticano II, la Conferencia del Episcopado Latinoamericano en Medellín ese mismo año y la difusión de la Teología de la Liberación, que definen la opción preferente por los pobres y el cuestionamiento al régimen capitalista, parecía anunciar una renovación de la Iglesia Católica.

También en 1968, en Perú un grupo de militares nacionalistas liderados por Juan Velasco Alvarado da un golpe de Estado y asume un gobierno que termina con el sistema de fincas e inicia una reforma agraria con reparto de tierras. Además asume el gobierno de Panamá otro militar nacionalista: el teniente coronel Omar Torrijos.

Tras una década de confrontación entre capitalismo y socialismo, la paulatina consolidación de la Revolución Cubana y la inestabilidad social y política en todo el continente, diversos movimientos guerrilleros, como el MLN, asumirán un protagonismo político muy importante en toda América Latina a fines del decenio y comienzo del siguiente. La década rebelde es un momento de la historia contemporánea en el cual la realidad siempre camina delante de la teoría.

En ese momento histórico, el FER fue una organización estudiantil que marcó época por su poder de convocatoria y la combatividad de sus militantes. Fue en sus comienzos cuando le pusieron a Enrique el seudónimo de "Funebrero". En 1990, uno de los compañero de esos años del FER me comentaba que durante las reuniones en que planificaban las movilizaciones o actividades que se llevaban a cabo, él permanecía callado hasta que hablaba para cerrar el debate luego que todos habían dado su opinión. *"Cuando daba su opinión todos estábamos de acuerdo –comentaba el compañero-. Así que le ponía la lápida a las conversaciones, por eso lo de "funebrero" o "fune"... Y en esos años tenía una claridad tremenda"*.

Como contará años después en un artículo Guillermo Reyman, uno de sus compañeros del FER que luego estuvo preso, y con quien compartí la redacción del quincenario *Mate Amargo entre 1986 y 1992*, *"el carácter combativo que el FER le impuso a las movilizaciones iba a la par con el tono ideológico. La crítica al régimen de Pacheco Areco devenía en cuestionamiento a todos el sistema capitalista que el Uruguay integraba y había que combatir. La lucha por la liberación nacional y el socialismo eran las ideas centrales de su prédica"*.

En junio de 1969 fue la primera detención del Fune durante una movilización estudiantil. Con 17 años, fue pasado al Juez de Menores, según el expediente de la DNII, por *"promover desórdenes*". Pero el Juez ordenó liberarlo. Al cruzarse por el juzgado, el represor Víctor Castiglioni, otro de los violadores de derechos humanos por convicción, le dijo a mamá: *"Señora, su hijo es un pichón de terrorista"*.

En febrero y marzo del 70 participó en la ocupación de la planta industrial de EGSA (Empresa Enrique Ghiringhelli S.A.), junto a los obreros que mantuvieron una dura huelga por 37 días. Los dueños de la empresa tenían muy buena relación con el presidente Jorge Pacheco Areco y el Ministro de Finanzas, Jorge Sapeli.

En su artículo Guillermo Reyman dirá: *"Eran tiempos del Che, Camilo Torres, Mariguela, Lamarca, Fidel, la OLAS, que influyeron en la organización estudiantil. Eran, sobre todo, tiempos de poner el problema del poder y las vías para acceder a él en el centro del debate. Manteniendo sus estructuras fuertemente arraigadas en los gremios, el núcleo de grupos originales del FER fue creando una dinámica que poco tenía que ver con la actividad específicamente gremial, asumiendo características de un grupo político. Su línea de acción, considerada a nivel estudiantil como dura, se identificaba con el accionar guerrillero del MLN"*.

Para eso contribuyó las detenciones de tupamaros que poco tiempo antes eran destacados integrantes del FER, como Enrique. *"No había sujeción orgánica del FER al MLN, pero si la certeza total en los elementos más comprometidos que llegado el momento, pasarían a la militancia clandestina, integrándose a un nivel superior de lucha social y política"*, explicará Guillermo.

Ese camino era el que habían tomado cuadros como Enrique. Y en ese camino estaban tantos compañeros y compañeras. Silvia, fue su compañera en aquellos tiempos de jóvenes soñadores-luchadores. Cuando habla de él se emociona:

> A Enrique nunca lo olvidé, nos conocimos en el MLN, no se exactamente en que año, yo soy muy mala para las

fechas, pero estábamos juntos en la formación de un nuevo pequeño comando constituido por gente muy, muy joven. El primer día que nos juntamos todos, nuestro responsable, distribuyó nombres. Fue muy gracioso, con esa gracia propia del azar, le propuso a Enriquito Erro que se llamara "Enrique". No se pudo, a las risas Enriquito le dijo que ese seudónimo no le convenía... Todos nos reímos, el legal de Enriquito había quedado deschavado. Falto de imaginación, entonces se lo propuso a Enrique: "*que este loco se llame Domingo y vos Enrique*"...

Nuevas risas. Ya sabíamos que en el grupo teníamos dos Enriques legales. Bien creo que ese era un día domingo, como a las 5 de la tarde, y estábamos en el comedor de la casa de mi madre y éramos todos apenas unas criaturas llenas de sueños generosos. A mi me tocó guardar el nombre que venía usando desde hacía un año, Raquel, me sentía cómoda con ese nombre de judía y ya estaba acostumbrada a que fuera mío, a que fuera yo misma trasladada una letra antes en el abecedario. Me había propuesto que me llamara Isabel... que es mi segundo nombre... Esa tarde inolvidable reunía a Enrique Erro, Rosario Barredo, Gabriel Schroeder, a Enrique Lucas y a mi. Habían otros dos, una prima mía y un muchacho que abandonó poco tiempo después con los que llamábamos tan despectivamente "cartillas".

Militamos juntos meses. Y a mi me encantaba salir a hacer tareas de relevamiento con Enrique. Porque nos hacíamos los locos, nos encontrábamos en la calle una hora antes... para caminar y conversar de todo. Yo adoraba conversar con él. Porque era dulce, sensible, porque la ética de la lucha era una inquietud que compartíamos y solo él me escuchaba con tanta atención, y solo con él podía tener esos diálogos tan intensos, tan sinceros.

También hablábamos de cine, que a mi me gusta, y así en aquellas largas recorridas por Montevideo o Canelones nos fuimos hermanando más allá de la

militancia, en un terreno total. No se como expresarlo
mejor, sino diciendo que los nuestros eran diálogos de
jóvenes inocentemente y fraternamente enamorados.
Con él realicé mi primera "acción militar", tambíén para
él era la primera vez de pasear por la calle con un fierro
en la cintura: nos tocó varear durante tres horas o más a
un taxista, grande como un ropero, mientras "Joaquín",
Gabriel Shroeder, se llevaba el auto. Enrique y yo
parecíamos los hermanos chicos del hombrón, que -a
Dios gracias- iba más asustado que nosotros. Pero ¡que
sensación de seguridad daba ir junto a Enrique! Mi
madre a veces los recibía cuando nos reuníamos en
casa, se hacía la boba, no preguntaba, pero bien sabía
que nos traíamos una muy grosa bajo el brazo, ella
adoraba a Enrique y a Gabriel Schroeder.
Para querer a Enrique bastaba mirarlo a los ojos, tenía
una mirada limpia, trasparente, tenía una mirada que
trasuntaba amor, ternura, respeto. Tenía una de las
miradas más humanas que haya visto en mi vida, y era
hermoso tenerlo cerca. Mi amistad con él fue corta, poco
más de un año, y una de las más intensas de mi vida.
Tengo un sueño recurrente, me encuentro con él sobre
un puente en París, yo estuve exilada en Francia.
Quiero decir, por fin, que el recuerdo de Enrique es la
materialización de un Ideal. Aquel muchacho vive en el
recuerdo nuestro, así como Rosario o Gabriel.
Los nombro a ellos porque teníamos una intimidad que
sobrepasaba el terreno de la práctica militante y no se
dejaba reducir por la práctica militante, era una amistad,
un amor muy grandes. A veces nos juntábamos,
Enrique, Rosario y yo a leer a Cortázar.
Pero no es para ponerse triste. Los seres amados viven
en ese territorio donde los recordamos con alegría y nos
acompañan, en eso creo. Aparecen en nuestros sueños
para recordarnos quienes somos por el ejemplo de sus
presencias, hacen bien a distancia, en eso creo.
El recuerdo de Enrique no me abandona y es un sol. Yo
busco en la liberación aún, siempre, y en cada nuevo

camino que encuentro están pedazos de nuestras
charlas, porque él era un espíritu libre.

Estado de sitio

En marzo de 1972, luego de sufrir varias derrotas en Vietnam del Sur, por parte de las guerrillas del Frente Nacional de Liberación, Estados Unidos decide bombardear Vietnam del Norte como nunca lo había hecho hasta el momento, pero no eran objetivos militares.

En diciembre los bombardeos masivos de Hanoi y Haiphong provocan la condena mundial, por la muerte masiva de civiles. Durante muchos años se recordará en todo el mundo la fotografía de una niña norvietnamita corriendo tras los bombardeos con Napalm realizados por Estados Unidos a la aldea de Trang Bang. Recién años después llegaría el fin de la guerra más larga de las tantas protagonizadas por Estados Unidos, sellándose su primera derrota militar, ante un país pequeño, pobre y tecnológicamente poco avanzado, cobrando la vida de 58.000 soldados estadounidense y más de dos millones de vietnamitas entre civiles y militares..

Tras la derrota militar, el escándalo político. En junio de 1972 cuando Richard Nixon emprende su campaña presidencial para el segundo mandato, un guardia de seguridad del Watergate, complejo de hoteles y oficinas de Washington, advierte que se está cometiendo un robo en la sede nacional del Partido Demócrata. La policía detiene en el lugar a cinco hombres que portan micrófonos y luego a otros dos. Pronto se sabe que los detenidos, algunos de ellos ex agentes de la CIA y el FBI, están relacionados con la Casa Blanca y el Comité para la Reelección del presidente Nixon.

El escándalo provocado por el hecho desembocará en 1974 en la primera dimisión de un presidente estadounidense en su historia. En 1972, en Bolivia el general derechista Hugo Banzer da un golpe de Estado contra el general nacionalista Juan José Torres, iniciando una seguidilla de golpes en la región. Con Torres se reunirá Enrique tiempo después en

Argentina para coordinar acciones de lucha contra la dictadura banzerista. También en este año, en Ecuador, Velasco Ibarra es derrocado por un nuevo gobierno militar liderado por el general Guillermo Rodríguez Lara, que asume una política de corte nacionalista similar a la de Velasco Alvarado en Perú y que, obviamente, años después también será desplazado por militares de derecha.

Luego de la desilusión electoral de 1971 y un verano de movilizaciones, marzo de 1972 estuvo marcado por los últimos destierros de presos políticos hacia Chile. En el penúltimo grupo, días antes del 14 de abril, Enrique marcha rumbo a Santiago. Según su prontuario en la Dirección Nacional de Información e Inteligencia el 23 de marzo de 1972 *"el causante viajó a Santiago de Chile, en el vuelo A.Z. Nº 578 de la Compañía Alitalia, haciendo opción a lo previsto en el ART. 168, INC. 17, PFO 2º, de la Constitución de la República"*, que permitía ir al destierro.

También relata que viajó *"con Pasaporte Nº 164.187, expedido el día 1º de febrero de 1972, venciendo el día que regrese al País, el cuál será retirado por las autoridades"*.

El otoño iba entrando en Montevideo, y los árboles comenzaban a quedarse sin las hojas, que se desparramaban por las calles. El balcón del aeropuerto de Carrasco estaba casi vacío. En un cuarto separado, fuertemente custodiado por efectivos de las fuerzas conjuntas y de los servicios de inteligencia siete personas esperábamos la partida del avión.

El viaje en la compañía aérea italiana fue tranquilo. Al llegar a Santiago ya su nombre era otro. Se incorpora a la dirección del MLN en el exterior. En abril dos noticias conmueven a los tupamaros en Chile. La fuga denominada *El Gallo* y el 14 de abril. En *El Gallo*, el 12 de abril se fugaron veinticinco tupamaros por el Hospital del Penal de Punta Carretas.

El 14, para el MLN fue el día la *"justicia popular"* para los integrantes del escuadrón de la muerte. Fueron ajusticiados

dos oficiales de la policía, un oficial de la marina y un subsecretario del interior acusado de vínculos con los grupos para policiales. Uno de los oficiales policiales era José Delega, encargado del Departamento 5 de la Dirección Nacional de Información e Inteligencia, que fue quien detuvo a Enrique y le abrió la cabeza de un culatazo. Todos los ajusticiados habían participado de secuestros, asesinatos, torturas y una desaparición. Todos habían sido denunciados públicamente. Pero la acción, más allá de la violencia en sí, fue un error político. Bueno, también es más fácil verlo con el tiempo transcurrido.

El diputado del Partido Nacional, Héctor Gutiérrez Ruiz, víctima del Plan Cóndor años después, leyó ese mismo abril en la Cámara de Diputados, las confesiones realizadas por Nelson Bardesio, un integrante del escuadrón, luego de ser detenido por los tupamaros.

Las acciones de la guerrilla provocaron una acción casi fulminante de los mandos militares que estaban a cargo de la represión antitupamara, oficialmente desde septiembre de 1971. Ese mismo 14 de abril, cayeron muertos ocho guerrilleros. Dos habían pertenecido al FER. En las semanas siguientes el MLN fue hostigado implacablemente por las fuerzas represivas que usaron todo tipo de recursos. Al cabo de ocho meses el 80 por ciento de la organización en Uruguay estaba destruida y sus máximos dirigentes presos.

El presidente de Chile era Salvador Allende, pero luego de unas semanas en el país, Enrique estaba convencido de que no duraría mucho tiempo. Su estadía en Santiago sería corta ya que debía viajar a Cuba enseguida. En Chile se encarga de las finanzas y asume Propaganda en la dirección del MLN. Entre las diversas funciones, se dedica al asesoramiento del cineasta Costa Gavras en la creación de la historia, la producción y realización de la película *Estado de Sitio* que ahora se puede ver en internet.

Protagonizada por Yves Montand, Renato Salvatori, Enrique Heine, O.E. Hasse y Jacques Weber en los papeles principales, se estrenó en diciembre de 1973 en Alemania con gran éxito. La música, compuesta por Mikis Theodorakis e interpretada por *Los Kalchakis*, fue un éxito, a pesar de ser prohibida en muchos países.

La película cuenta la detención por parte del MLN del asesor policial y agente de la CIA estadounidense, Dan Anthony Mitrione, y del cónsul brasileño Aloysio Días Gomide. Esas acciones, realizadas en julio de 1970 y las repercusiones a nivel internacional estuvieron a punto de provocar la renuncia del presidente Pacheco Areco.

Se planificaba detener al Jefe de la CIA en Montevideo pero se precisaba también otro personaje que tuviera peso político sobre el gobierno y su detención repercutiera internacionalmente. El hombre ideal era el cónsul de Brasil, Aloysio Días Gomide, porque además estaban en el medio, los vínculos de la dictadura brasileña con el gobierno uruguayo. Brasil estaba listo para invadir Uruguay a pedido del gobierno, en caso de que ganara el Frente Amplio las elecciones de 1971.

Enrique conocía bastante al cónsul, conocía su casa y el consulado, pues vivía en la casa de un tío brasileño que trabajaba en el consulado y era esposo de una hermana de papá. Ellos ni se imaginaban en qué andaba, más allá de sus estudios.

Las acciones salieron bien pero se escapó el embajador de Estados Unidos, si no, hubiese sido un operativo perfecto. Pacheco estuvo a punto de renunciar pero después cayó la dirección del MLN. La organización pidió el intercambio de Mitrione por los presos, pero ni la CIA ni el gobierno estadounidense aceptaron la transacción. Mitrione fue claro en decir que su gobierno preferiría tener a la dirección del MLN presa que a él vivo. El MLN quedó en una encrucijada y tuvo que ajusticiarlo. Dias Gomide fue liberado luego de que pagaran un rescate de 500.000 dólares.

Enrique participó en la planificación de la detención del cónsul y aportó datos por conocer dónde vivía, pero no participó en la acción. Durante la detención del diplomático brasileño, trató de enterarse qué pensaba hacer el gobierno de su país. Conocía muy bien todo el operativo.

La película sirvió para posicionar una buena imagen internacional del MLN. Enrique estuvo durante buena parte de la filmación con Costa Gavras e Ives Montand.

En 1972, *Estado de Sitio* logró el Premio Louis Delluc, el más prestigioso de la Cinematografía francesa, que se otorga cada año al mejor film producido en ese país. En 1974 obtuvo un Premio Especial en el Premio de Cine de la Academia Británica de las Artes Cinematográficas y de la Televisión (BAFTA). En 1974 fue nominada al Globo de Oro a la Mejor Película en Lengua no Inglesa.

En el film, Philip Michael Santore (Yves Montand), funcionario de una agencia gubernamental estadounidense que encubre su verdadera función como jefe de la Central de Inteligencia Americana en Uruguay, especializado en entrenamiento de fuerzas policiales, parapoliciales, militares y paramilitares, es secuestrado por la guerrilla urbana que actuaba en el país. Luego de un interrogatorio en el que se pone en evidencia sus función en distintos países latinoamericanos y en Uruguay, se propone al gobierno un canje por 150 guerrilleros detenidos en las cárceles del régimen.

El canje, que en un comienzo de veía posible, fue desechado por el propio gobierno estadounidense cuando es detenida parte de la dirección de la organización guerrillera, lo que finalmente desencadena en una crisis política y el ajusticiamiento de Santore, que en la realidad fue Dan Mitrione, agente de la CIA que introdujo nuevos métodos de tortura y la aplicación de asesinatos selectivos en las fuerzas represivas de República Dominicana, Brasil y Uruguay.

Mitrione llegó a Uruguay en 1969 como funcionario de la AID, una agencia para el desarrollo que servía como fachada para los agentes de la CIA. En la época, el gobierno de Jorge Pacheco Areco respondía a los intereses de Washington, estaba integrado por terratenientes, banqueros y grandes empresarios de la industria y el comercio y llevaba adelante una política económica acorde con las recetas del Fondo Monetario Internacional.

La represión al movimiento sindical recrudeció, se vivió bajo un régimen de excepción (medidas prontas de seguridad), se prohibieron partidos políticos y se clausuraron periódicos. Las protestas, movilizaciones y huelgas se multiplicaron y dieron base social a la acción del MLN-T. Paralelamente se daba el surgimiento del Frente Amplio y el gobierno de Estados Unidos temía una posible victoria frenteamplista en las elecciones en 1971, que se sumara al gobierno de la Unidad Popular en Chile, presidido por Salvador Allende. Eso generó un acuerdo con Brasil para que, en caso de victoria frenteamplista, Brasil interviniera, invadiendo Uruguay.

Mitrione fue secuestrado el 31 de julio de 1970 y finalmente ajusticiado por un comando tupamaro. Estaba casado y tenía 9 hijos. Su funeral fue ampliamente difundido a nivel mundial, fue casi un show y tuvo amplia difusión mediática en Estados Unidos y otros países, y estuvieron presentes autoridades del gobierno de Richard Nixon y artistas vinculados a sectores de derecha estadounidenses y a la mafia.

Luego del trabajo en Chile, Enrique viajó a Cuba, donde asumió un liderazgo. Pensó en la creación de las Colonias como un espacio de crecimiento de cientos de jóvenes que tal vez en condiciones normales nunca hubiesen llegado hasta ahí. Muchos de ellos, recién empezaban a vivir. Pensaba que era necesario darle herramientas a esos jóvenes para que pudieran enfrentar la vida, antes de regresar a Uruguay a combatir. Creía que no se trataba solamente de entrenamiento militar o formación teórica en lo ideológico y político. Sabía además, que necesitaban entender mejor la realidad de los trabajadores, el significado de la solidaridad, y asumir su fuerza de lucha para enfrentar la vida.

Estaba convencido que debían comprender que la lucha no era un juego, que no era una mera rebeldía juvenil. Quería que entendieran claramente en qué estaban. No aceptaba la irresponsabilidad de algunos de incorporar jóvenes a una lucha que no entendían completamente y para la cual no estaban preparados. Para él la "proletarización" era mucho más que el término en sí, era también aprender a enfrentar la vida y el momento que les tocó vivir. Era lo que aspiraba para Omar y Joaquín que junto a tantos jóvenes, también vivían ese proceso en Cuba. Cuando nos hablaba a Daniel y a mi de la fuerza de los obreros, o lo mencionaba en sus cartas, nos estaba hablando de su fuerza para enfrentar la vida desde la lucha diaria por la sobrevivencia, no era solo una reivindicación de sus luchas en la historia. Pero era además una reivindicación del trabajo como herramienta de superación personal y colectiva. Recurriendo a Carlos Marx: reivindicaba la necesidad de que las personas complementaran el trabajo manual y el trabajo intelectual.

La experiencia del MLN demostró que sin los "viejos" no había dirección, pero demostró además la incapacidad para manejar el crecimiento, permitiendo la entrada de jóvenes al aparato militar que hubiesen sido más importantes en otras tareas. También evidenció la falta de cuadros preparados para asumir un liderazgo y dirigir la organización. Ahora ya no vale juzgar errores de jóvenes que no estuvieron preparados para dirigir. El tiempo pasó y no es momento de facturas por esos errores. Además no sería justo.

Efraín Martínez Platero quien no supo o no pudo asumir un liderazgo en ese momento, al hablar sobre la "proletarización" dijo en una entrevista con la investigadora Clara Aldrighi:

En Cuba, y a través de la organización de las colonias
de trabajo voluntario, es donde los tupamaros pudieron
llevar adelante más claramente este proceso de
proletarización. La proletarización yo la pude llevar en
Cuba, con más de cuatrocientos muchachos y
muchachas, a partir de la creación de los lugares de
trabajo voluntario, en las colonias de trabajo voluntario
que se formaron allá. Y fueron dos los motivos por los
cuales la impulsé, porque vi realmente que en Cuba
querían entrenar a todo el mundo, sin justamente darle
ese espacio de período de tiempo necesario para que un
poco se hicieran hombres primero y después empezaran
a pensar en agarrar un fierro y enfrentar la muerte o a
matar a alguien. (…). Se formaron más de once colonias
en Cuba (…). La idea no surgió de mí, la idea surgió de
un compañero que murió en Bolivia, era un gurisito
(Enrique Lucas López).

La Junta

En 1973 Enrique llegó a Buenos Aires con Graciela, su
compañera argentino-boliviana que había conocido en Cuba.
Alegre, llena de vida, quien, cuando nos reuníamos cantaba y
tocaba en la guitarra sambas, cuecas y milongas.

Daniel y yo estábamos en la capital Argentina desde principio
de año. Habíamos salido de Uruguay, porque a pesar de ser
menores habían demasiadas amenazas sobre la familia, que
se iba haciendo pedazos. Además se mencionaba la
posibilidad de un decreto presidencial mediante el cual los
menores de una familia en la cual había más de dos
tupamaros podrían pasar a ser custodiados por el albergue de
menores. A eso se sumaba que éramos huérfanos de padre y
se podía asumir que mamá no tenía capacidad ni condiciones
para criarnos.

De los cinco hermanos, Enrique y Joaquín eran tupamaros, y
Omar participaba en la lucha del movimiento estudiantil
vinculada a la del MLN. Joaquín estuvo detenido como menor
en el Instituto Álvarez Cortés del Consejo del Niño acusado
de participar en actividades callejeras en apoyo a los
tupamaros. Omar fue detenido varias veces por participar en
protestas de estudiantes y trabajadores.

El panorama era muy complicado en el Uruguay de aquellos
días. Muchas cosas podían ocurrir y nos obligaron a dejar el
país para ir a vivir en Argentina, en la casa de unos tíos.
Joaquín y Omar ya habían salido hacia Chile y luego hacia
Cuba, también demasiado jóvenes en el difícil camino de ser
hombres antes de tiempo. En realidad, todos crecimos
demasiado rápido y eso también nos marcará el futuro.

Aquel día sonó el timbre en el departamento del barrio
porteño donde vivíamos, a eso de las 7 de la noche. El
portero eléctrico por casualidad lo atendí yo. Hacía ya más de

un año que no nos veíamos con Enrique. El estaba instalado en Buenos Aires desde hacía ya unos días, pero habías esperado para ir a vernos. La cirugía en la cara que se hizo en Cuba le había cambiado un poco el rostro.

Entre diciembre de 1972 y principios de 1973 viajó a La Habana un grupo del ELN (Ejército de Liberación Nacional) boliviano. Por esos meses, esa organización también empezó a montar un centro operativo en Lima con redes hasta Arequipa y Puno. Desde comienzos de año, el ELN estaba prácticamente destruido en Bolivia. Le quedaban algunos cuadros, cargando en la mochila el desastre que fue la guerrilla de Teoponte en 1970. Enrique estaba en La Habana y allí conoció a Ela, que pertenecía a esa guerrilla. En 1973 tratando de recomponerse, el ELN retomaría contactos en Chile y Argentina. Enrique le ayudará.

Aquel comienzo del año 73 parecía halagador para la Argentina porque retomaba el rumbo democrático. Héctor José Cámpora, un odontólogo de izquierda, había ganado las elecciones y había decretado amnistía para los presos políticos. A su posesión llegaron delegaciones de diversas partes del mundo. Algo poco usual en la América Latina de esa época. La delegación cubana fue encabezada por Osvaldo Dorticós.

Las acciones del Tío, como era conocido Cámpora, promovían desconfianza en la derecha peronista que apresuró el regreso del general Juan Domingo Perón con la mafia que lo rodeaba. Las fuerzas progresistas del justicialismo se equivocaron y entraron en el juego de los grupos reaccionarios, que siempre dirigieron la política peronista. Perón no será ningún salvador, al contrario, solo será el pasaporte hacia el infierno de la dictadura. *Amagó de zurda, como siempre, y pegó de derecha*", decían en aquellos días algunos argentinos.

En Argentina Enrique se integró a la Junta de Coordinación Revolucionaria (JCR) que había ayudado a crear y hacía poco se había formado. Creía que la integración de las organizaciones guerrilleras era fundamental para el avance de la revolución. De la misma manera que no creía posible el socialismo en un solo país, estaba convencido que la revolución en América Latina solo sería posible si existía una *"integración revolucionaria"*.

La JCR podía ser el comienzo de ese proceso. Estaba integrada por el Movimiento de Liberación Nacional-Tupamaros (MLN-T), el Ejército Revolucionario del Pueblo (ERP), el Movimiento de Izquierda Revolucionario (MIR) y el Ejercito de Liberación Nacional. En la dirección estaban, entre otros, Enrique, Mario Roberto Santucho y Miguel Enríquez. Con éste último estuvo en varias actividades políticas y acostumbraba a decir que era muy querido por la gente. Se vieron varias veces en Chile y Buenos Aires. La última fue en Argentina, antes de que él regresara a Santiago a luchar en condiciones muy difíciles.

A Santucho lo consideraba un estratega muy similar a Raúl Sendic. Destacaba su formación teórica y su capacidad de acción. Se indignaba con la campaña de desprestigio que había sobre el ERP. Decía que cierta izquierda lo había calumniado mucho, y lo más fácil era utilizar el calificativo de trotskistas para golpearlos. En ese sentido, acostumbraba a decir: *"el día que la izquierda latinoamericana deje de acomodarse para defender su rincón y de atacar a los otros sectores, será muy diferente todo"*. Lamentablemente, eso no ha cambiado y posiblemente no cambie.

El ERP estaba bastante fuerte en Tucumán y Salta. La acciones urbanas y el posicionamiento rural, se complementaban con el trabajo y la movilización social y sindical dirigida por el Partido Revolucionario de los Trabajadores.

En la Junta, el MLN y el ERP eran los más activos. En cierta ocasión, Santucho y Enrique se escaparon de caer juntos durante una reunión. Seguramente alguien los cantó. Fueron rodeados, se produjo un tiroteo durante unos minutos y finalmente lograron escapar por un campo que había en la retaguardia. Ese día le hirieron en un brazo.

Sobre el ELN tenía muchas dudas, porque si bien había algunos compañeros que se jugaban en los hechos, otros vivían de las palabras. Hablaban más de lo que hacían. Pero eso también ocurría en el MLN.

En junio la dirección provisoria del ELN participó en la segunda reunión de la Junta de Coordinación Revolucionaria en Rosario. La primera reunión de la JCR había sido en Chile a fines de 1972 entre el MLN-T, el MIR y el PRT-ERP. Ahí se estableció que luego se incorporaría el ELN.

Un documento inicial de la Junta señala que los antecedentes de la colaboración mutua entre las cuatro organizaciones se remontan a 1968 y hasta noviembre de 1972 se producen *"numerosos contactos bilaterales entre el ELN, el MIR, el MLN (T) y el PRTERP. Recordamos entre ellos la reunión entre un miembro de la dirección nacional del PRT y el Inti Peredo, en 1969 en La Paz, la serie de reuniones entre un delegado del MLN y Chato Peredo, en 1970 en La Paz, varios contactos entre compañeros del MLN y del PRT-ERP en Buenos Aires y Montevideo en 1971 y 1972, varias reuniones entre dirigentes del MIR y del PRT en Santiago de Chile desde Julio de 1971 en adelante, etc. Estos contactos, de los que surgen actividades de colaboración, permiten iniciar un conocimiento mutuo, que al tiempo que significan un valioso intercambio de experiencias, constituyen los primeros lazos entre organizaciones revolucionarias que libran una lucha similar en cuatro países sudamericanos"*.

La reunión de Santiago fue fundamental hacia la construcción de la Junta. Participó la Comisión Política del MIR, tres miembros de la dirección nacional del MLN-T y tres miembros del Buró Político del PRT. Inició la reunión Miguel Enríquez, Secretario General del MIR, analizando con lucidez la necesidad de una nueva organización internacionalista a partir de las tres organizaciones.

Según algunos testimonios, Enríquez proponía una organización que fuera semejante a un "*pequeño Zimmerwald*", recordando la Conferencia realizada en septiembre de 1915 en ese pueblo suizo, cuando representantes de diversas organizaciones revolucionarias europeas se reunieron encabezados por Lenin, para construir una "*Internacional Revolucionaria*".

Según documentos posteriores de la JCR, para el dirigente chileno, "*unir a la vanguardia revolucionaria que ha emprendido con decisión el camino de la lucha armada contra la dominación imperialista, por la implantación del socialismo*", era urgente para "*abrir a los pueblos latinoamericanos el camino de la victoria en la senda emprendida por la gloriosa Revolución Cubana*".

Tras analizar el contexto latinoamericano y mundial, Miguel Enríquez argumentó con claridad la necesidad de coordinar las luchas revolucionarias a partir de la influencia de las tres organizaciones e ir hacia la unidad.

Enrique estaba de acuerdo, y creía además que la integración de las organizaciones se debía concretar también en una "*integración de zonas geográficas revolucionarias*" que unieran espacios de dos o más países, como Bolivia, Salta y Tucumán por ejemplo.

La propuesta de Miguel fue aceptada por todos, sin observaciones. También por Enrique. Luego se debatió cómo llevarla de la teoría a la práctica. Entonces se resolvió elaborar un proyecto de declaración conjunta, editar una revista política, organizar escuelas de cuadros conjuntas, establecer una estructura organizativa y armar un cronograma de actividades en conjunto.

En esa misma reunión se informó de conversaciones realizadas entre dirigentes tupamaros, entre los cuales estaba

Enrique, y del ELN en las que se analizó la posibilidad de que se sumara al proyecto. Tiempo después la organización boliviana señalará su coincidencia con las resoluciones y la voluntad de incorporarse a ese proceso Internacionalista.

A lo largo de 1973 se consolidaron los vínculos, se organizó la Escuela Internacional de Cuadros con la asistencia de integrantes de las cuatro organizaciones y otras actividades en conjunto, pero todavía los esfuerzos de cada organización estaban pendientes de la crítica realidad de cada uno de sus países, y recién hacia fin de año se consolidará el organismo conjunto acordado, llegándose a un funcionamiento sistemático con una práctica de reuniones semanales y la integración de distintos equipos de tareas comunes.

En Uruguay, el 27 de junio del 73, tras la disolución de las cámaras, se produce el Golpe de Estado. El mismo día la Central Nacional de Trabajadores (CNT) inicia una huelga general histórica, que se extenderá hasta el 11 de julio. Dirigentes políticos de distintos partidos son requeridos y deben emigrar. Se inician las ilegalizaciones de distintos grupos de izquierda. Se disuelve la CNT. El Cilindro Municipal es habilitado como cárcel y se producen centenas de detenidos. Dirigentes tupamaros que se encontraban detenidos se convierten en rehenes de la dictadura.

En Buenos Aires, Enrique apoyó a decenas de compañeros de distintas organizaciones políticas y sociales uruguayas, militantes, trabajadores, familias enteras que nunca se enteraron de su apoyo. No le importaba el sector político ni las discrepancias que pudieron haber en algún momento. Lo fundamental era ayudar a quienes salían perseguidos, y lo más importante la unidad de la lucha contra la dictadura. Pero fiel a lo que había aprendido, mantenía normas de seguridad estrictas. Solo algunos dirigentes políticos tuvieron contacto directo con él, como Hugo Cores, Gerardo Gatti y algún compañero de la FAU (Federación Anarquista del Uruguay), a quienes apreciaba.

Muchos años después, cuando Cores se elija diputado por el MPP, le haré una entrevista para *Mate Amargo*. Terminada la conversación, al decirle que era hermano de Enrique, y preguntarle si no lo había conocido en Buenos Aires, hará un gesto de admiración y me dirá: *"fue de los mejores compañeros que conocí, no solo en el exilio, de una solidaridad en momentos difíciles que no tenía nadie"*. Después agregó: *"nos reunimos algunas veces y nos ayudó mucho, claro que nos ayudó mucho"*. Años después, ya viviendo en Ecuador, nos encontraremos en Cuba en un acto de solidaridad con la Revolución. Luego de hablar de la realidad uruguaya y ecuatoriana, Hugo me volvió a mencionar a Enrique como alguien capaz de tener gestos solidarios y humanitarios en situaciones muy duras. *"Era un compañero increíble, totalmente fraterno, incluso con gente que muchas veces no conocía"*, me dirá.

En aquel fin de junio del 73, Enrique estaba en actividad permanente, dedicado a la construcción de la Junta, a fortalecer la logística y realizando algunas acciones. La Junta y la *"Integración Revolucionaria"* eran parte de un proyecto en el que creía. Sin embargo, cuando surge la posibilidad de entrar a Uruguay enseguida asume la tarea, no solo por una obligación con los compañeros en el país, con los presos, sino que creía necesario apoyar la huelga general decretada por la CNT, que luego reivindicará en alguna reunión de la JCR como un *"hecho histórico del proletariado uruguayo"* y que llevará a un compañero de la dirección del ERP a decir *"como siempre Uruguay nos da buenas sorpresas"*.

Enrique nos pidió a mi y a Daniel que no fuéramos a Montevideo en las vacaciones de julio porque la situación estaba muy difícil. En realidad sabía, que en caso de que cayera le podían extorsionar con nosotros.

Estuvo veinte días en Montevideo y encontró casi todos los contactos cantados. No existía prácticamente nada, solo retazos de la organización. Entró a Uruguay dispuesto a reorganizar al MLN, pero los contactos fallaban uno tras otro.

En el ultimo intento de contacto llegó hasta el local de la Onda e hizo un relevamiento antes de ir al punto de encuentro con un compañero. Había una camioneta de las fuerzas conjuntas y un par de autos sospechosos. En la camioneta estaba el compañero que lo llevaron hasta ahí presionado por la tortura, pero no le señaló.

Dos días después fue a otro contacto. Era alguien demasiado joven que estaba con un libro de Marx en la mano. En julio del 73 eso era como pedir para ir en cana. Enrique se sonrió, no entendía que buscaba con eso, pero no se acercó. Eliminó los dos contactos de la agenda. A pesar de las dificultades, tenía una casa relativamente segura, con buenos compañeros colaboradores, donde paró todo el tiempo.

En los días siguientes se dedicó a relevar algunos pescados gordos de la represión. Incluso tuvo la posibilidad de "ajusticiar" a Campos Hermida y no quiso. No era un buen momento y no sabía qué podía ocurrir con lo rehenes. Finalmente, cierto día, cuando regresaba a la casa donde estaba parando, vio que estaba vigilada. Tal vez alguien la había cantado. Lo estaban esperando. No entró. Necesitaba su pasaporte pero sabía que no podía entrar porque caería, y caería la familia que vivía en la casa. En todo caso, el compañero de la casa en algún momento burlaría la guardia y le ubicaría en un lugar marcado de antemano para entregarle el documento. Horas después volverá a Buenos Aires para seguir la militancia en la Junta. La casa siguió vigilada por unos días, pero no ingresaron. Seguramente esperaban que Enrique llegara, lo que nunca ocurrió. La familia de compañeros que vivían allí, meses después dejaron el país.

Cuando Enrique volvió a Buenos Aires multiplicó su militancia en la JCR. Fueron varias las acciones que significaron ingresos para las cuatro organizaciones y golpes de propaganda política. El y dos compañeros del ERP dirigieron las más importantes y su grupo participó en las mismas de comienzo a fin. Los recursos hacían falta, pero había algunos que no pensaban volver a Uruguay: solo les interesaba el dinero y salvarse. Comenzaban a gestarse entonces las futuras divisiones.

En todos los "berretines" realizados por la Junta, de alguna manera participaba Enrique por el conocimiento técnico que tenía. Era experto en realizar todo tipo de escondrijos, con diferentes formas. Desde un botón que abría una pared hasta un gato hidráulico que levantaba un piso. También era experto en armamentos y en planificación, además de tener una sólida formación político-ideológica, una voluntad de trabajo inquebrantables y una gran ética. Esas condiciones lo hacían participar en buena parte de las tareas. Además estaba convencido de que los dirigentes debían estar al frente de los operativos, por eso desconfiaba de aquellos del MLN que no participaban en nada.

Aquel año 73 fue de golpes. Año triste en la historia de América. En Chile el sueño socialista de Salvador Allende, Miguel Enríquez y tantos otros, se terminó en las manos del dictador Augusto Pinochet. En Uruguay los impostores de la democracia Pacheco Areco, Juan María Bordaberry y compañía, abrían la ultima puerta a la dictadura militar. Buenos Aires estaba poblado de uruguayos que llegaban por decenas todos los días y cada día era menos seguro. En setiembre se produce al golpe de Estado en Chile. Militantes uruguayos de distintos sectores mueren o desaparecen en Santiago. En Uruguay más detenciones, más asesinatos. Es intervenida la Universidad de la República. Detienen al Rector y Decanos, ilegalizan partidos y grupos políticos de izquierda.

En Buenos Aires, también en 1973 reaparecía Palito Ortega con un recital en el que presentaba su último compacto que contenía *"Yo tengo fe"*, una canción que si bien parecía una plegaria católica, estaba dedicada al regreso de Juan Domingo Perón. Con un estribillo llamativo, una letra y una melodía muy primaria como todas sus canciones de Palito, fue un éxito más del cantante que decía: *"Yo tengo fe que todo cambiará"* y luego *"yo tengo fe, será una realidad el mundo de justicia que ya empieza a despertar"*.

Cuando Enrique escuchaba esa canción se reía y preguntaba cómo era posible componer algo tan malo. Entonces, Graciela se burlaba y tocaba unos acordes de la canción. En ese tiempo, Piero, un cantante comprometido con la realidad social, editaba su segundo LP y cantaba una canción muy irónica, titulada *Los Americanos*, la cual no era bien recibida en los medios de comunicación como la de Palito. Decía en una parte: "*Si conocen historia / No es por haber leído / Si no de haberla visto / En el cine americano*".

Cierto día, mirando juntos un programa musical de TV, creo que era un sábado o domingo, vimos como Piero y su grupo, luego de cantar esta canción y otra dedicada a la televisión, fueron cuestionados por el conductor. Festejamos tanto al ver como se burlaron del presentador y se fueron cantando sin hacer caso a lo que decía, repitiendo: "*Yo tengo, usted tiene / Todos tenemos un televisor / Allí gritan se acogotan / Y se matan todos los cowboys…*". Pasarán los años y esa canción no perderá vigencia

También ese mismo año, salió el segundo disco de un dúo que haría historia en el rock latinoamericano: *Confesiones de Invierno* de Sui Generis, integrado por Charly García y Nito Mestre. Pero Enrique prefería a Quilapayún, Vinicius de Moraes (con Toquinho y María Creuza en La Fusa, lindo larga duración), Edmundo Rivero (*En Lunfardo*, una maravilla que reivindicaba lo popular), Goyeneche, Piazzolla, Horacio Guaraní, Cafrune y Marito juntos, José Larralde y aquel excelente grupo que era Buenos Aires 8.

Escuchábamos los casetes y discos de estos, además de Viglietti, Zitarrosa, Olimareños, Pink Floid, Beatles y Roling Stone entre otros… Pero en especial, recuerdo *Cantata Sudamericana*, de Mercedes Sosa. ¡Qué gran disco! Con canciones de Ariel Ramírez y Felix Luna y la incomparable voz de La Negra. Uno de los grandes de Mercedes. Cuando escuchábamos *Es Sudamericana mi voz*, recuerdo que Enrique explicaba que América del Sur era antes un solo país y que debería volver a serlo. Tal vez aquellas palabras y aquella canción marcaron también en parte, mi camino para trabajar por la integración de la Patria Grande, muchos años después… Aquella canción, esta canción. Aquella letra, esta letra:

<blockquote>

Americana soy,
y en esta tierra yo crecí.
Vibran en mí
milenios indios
y centurias de español.
Mestizo corazón
que late en su extensión,
hambriento de justicia, paz y libertad.
Yo derramo mis palabras
y la Cruz del Sur
bendice el canto que yo canto
como un largo crucifijo popular.
No canta usted, ni canto yo
es Sudamérica mi voz.
Es mi país fundamental
de norte a sur, de mar a mar.
Es mi nación abierta en cruz,
doliente América de Sur
y este solar que nuestro fue
me duele aquí, bajo la piel.
Otra emancipación,
le digo yo
les digo que hay que conquistar
y entonces sí
mi continente acunará
una felicidad,
con esa gente chica como usted y yo
que al llamar a un hombre hermano
sabe que es verdad
y que no es cosa de salvarse
cuando hay otros
que jamás se han de salvar.

</blockquote>

A finales del 73, cuando Daniel y yo regresamos a vivir en Montevideo, luego de ver que no tendríamos problemas en Uruguay, y que era mejor y más seguro salir de Argentina por la militancia de Enrique y la acción creciente de los grupos paramilitares, llevamos el disco de *Estado de Sitio*, *Santa María de Iquique* y otros que estaban prohibidos en el país. Para eso, previamente, con vapor y bastante paciencia, cambiamos los papeles del centro de los discos, colocando otros que correspondían a discos de Palito Ortega, entre ellos "*Yo tengo fe*". Algo parecido hicimos con algunos casetes. Daniel era experto en esos trabajitos de cambiar la "identidad" de discos y casetes. Pero eso le contaremos a Enrique muchos meses después, a fines del 74, cuando pasemos el últimos fin de año con él y Graciela.

El último fin de año

Luego de ser discutida por las cuatro organizaciones, a principios de 1974 se realizó la declaración conjunta de la Junta de Coordinación Revolucionaria, una especie de presentación pública de la nueva organización internacionalista. Así se oficializó la existencia de la JCR. La declaración, traducida a varios idiomas, circuló en muchos países. Fue reproducida por distintas revistas de izquierda en Argentina, Francia, Italia, Estados Unidos, Suecia y Alemania. En ella se definía el carácter y los objetivos. Para explicar el significado de la Junta se recurre al mensaje del Che a la Tricontinental: "*Es el camino de Vietnam es el camino que deben seguir los pueblos; es el camino que seguirá América con la característica especial de que los grupos en armas pudieran formar algo así como Juntas de Coordinación para hacer más difícil la tarea represiva del imperialismo yanqui y facilitar la propia causa*".

Tras hacer un recuento de las intervenciones estadounidenses en América Latina, el papel que jugaban algunos grupos transnacionales en la política regional, las acciones de la CIA (Central de Inteligencia Americana), las luchas anticoloniales del siglo anterior y las antiimperialistas de este siglo (en particular la del pueblo vietnamita y la revolución cubana), se argumenta la necesidad de que las organizaciones revolucionarias logren unidad continental.

Se explica, que si bien el camino se inicia con estas organizaciones, la idea es seguir ampliando para consolidar el proceso revolucionario latinoamericano, y en ese sentido considera la unidad como una acción estratégica. "*Este importante paso es la concreción de una de las principales ideas estratégicas del comandante Che Guevara, héroe, símbolo y precursor de la revolución socialista continental* –dice la declaración en una parte. *Es también significativo paso que tiende a retomar la tradición fraternal de nuestro pueblos que supieron hermanarse y luchar como un solo hombre contra los opresores del siglo pasado, los coloniales españoles*".

Reivindica el legado de las revoluciones independentistas, los procesos nacionales y la lucha por el socialismo, el legado de la clase obrera en sus distintas vertientes (anarquismo, el socialismo y el comunismo) y señala como desvío del camino revolucionario que el auge de las grandes movilizaciones de masas caiga "*bajo la Influencia y dirección del nacionalismo burgués, vía muerta de la revolución, recurso inteligente y demagógico, que encontraran las clases dirigentes para prolongar con el engaño la vigencia del sistema capitalista neocolonial*".

Critica además a las "*dos corrientes de pensamiento y acción, que conspiran poderosamente contra los esfuerzos revolucionarios de los latinoamericanos. Ellos son, un enemigo: el nacionalismo burgués y una concepción errónea en el campo popular: el reformismo*".

Expresa que "*el nacionalismo burgués es una corriente apadrinada por el imperialismo que se apoya en ella como variante demagógica para distraer y desviar la lucha de los pueblos cuando la violencia contrarrevolucionaria pierde eficacia*". Argumenta que su núcleo social "*está constituido por la burguesía pro-imperialista o un embrión de ella, que pretende enriquecerse sin medida, disputando con la oligarquía y burguesía tradicional los favores del imperialismo mediante el truco de presentarse como bomberos del incendio revolucionario, con influencia popular y capacidad de negociación ante la movilización de las masas*".

Agrega que en su "*política de engaño esgrimen un antiimperialismo verbal e intentan confundir a las masas con su tesis nacionalista preferida: la tercera posición. Pero en realidad no son antiimperialistas sino que se allanan incluso a nuevas y más sutiles formas de penetración económica extranjera".*

En cuanto al reformismo dice que *"es en cambio una corriente que anida en el propio seno del pueblo trabajador, reflejando el temor al enfrentamiento de sectores pequeño burgueses y de la aristocracia obrera. Se caracteriza por rechazar cerradamente en los hechos la justa y necesaria violencia revolucionarla como método fundamental de lucha por el poder, abandonando así la concepción marxista de la lucha de clases".*

Agrega también que uno de los principales argumentos del reformismo *"para buscar constantemente aliarse con la burguesía nacional y los 'militares patriotas', es buscar "una vía pacífica que ahorre derramamientos de sangre a las masas en su camino hacia el socialismo"*, sin embargo esa tesis *"es rotunda y dolorosamente refutada por los hechos. Allí donde el reformismo impuso su política conciliadora y pacifista las clases enemigas y sus ejércitos ejecutaron las más grandes masacres contra el pueblo. La cercanía de la experiencia chilena con más de 20.000 hombres y mujeres trabajadores asesinados nos exime de mayores comentarios".*

La proclama afirma además que *"El MLN Tupamaros, el Movimiento de Izquierda Revolucionario (MIR), el Ejército de Liberación Nacional (ELN), el Ejército Revolucionario del Pueblo (ERP), en el curso de su lucha patriótica y revolucionaria, han ido comprendiendo la necesidad de unirse, han ido afirmando por propia experiencia su concepción internacionalista, comprendiendo que al enemigo imperialista y capitalista que está unido y organizado debemos oponerle la más férrea y estrecha unidad de nuestros pueblos".*

Y explica que *"Vinculados por la similitud de nuestras luchas y nuestras líneas, las cuatro organizaciones hemos establecido primero vínculos fraternales, y en un proceso hemos pasado a un intercambio de experiencias, a la mutua colaboración cada vez más activa, hasta dar hoy este paso decisivo que acelera la coordinación y colaboración que sin ninguna duda redundará en una mayor efectividad práctica en la encarnizada lucha que nuestros pueblos libran contra el feroz enemigo común".*

Explica que el mayor desarrollo de las organizaciones, *"el fortalecimiento de su concepción y práctica internacionalistas, permitirá un mayor aprovechamiento de las potencialidades de nuestros pueblos hasta erigir una poderosa fuerza revolucionaria capaz de derrotar definitivamente a la reacción imperialista capitalista, (…) para llegar día de mañana a la más completa unidad latinoamericana".*

También menciona que a las organizaciones que integran la Junta les une *"la comprensión de que la guerra revolucionaria "es un complejo proceso de lucha de masas, armado y no armado, pacífico y violento, donde todas las formas de lucha se desarrollan".*

Argumenta que es necesario construir *"un amplio frente obrero y popular de masas que movilice a todo el pueblo progresista y revolucionario, a los distintos partidos populares, a los sindicatos y demás organizaciones similares, en una palabra, a las más amplias masas cuya lucha corre paralela, convergiendo a cada momento y estratégicamente"*, con el accionar militar y político clandestino.

La declaración argumenta que Estados Unidos desarrolla una estrategia internacional para detener el avance del socialismo, como por ejemplo *"la imposición de regímenes fascistas en los países donde el movimiento de masas en ascenso amenaza la estabilidad del poder de las oligarquías".* Entonces, a la estrategia internacional del imperialismo *"corresponde la estrategia continental de los revolucionarios".* Pero reconoce que *"el camino por transitar en esta lucha no es corto"* ya que *"la burguesía internacional está dispuesta a impedir, por cualquier medio, la Revolución, así se planteara en un solo país".*

Más allá de iniciar con las cuatro organizaciones firmantes, la declaración de la JCR asegura que "*naturalmente las puertas de esta Junta de Coordinación están abiertas para las organizaciones revolucionarias en los distintos países latinoamericanos*".

Desde ese momento el funcionamiento orgánico de la JCR se consolida y poco a poco es más reconocida a nivel internacional. La unidad internacionalista era considerada estratégica en la lucha de liberación. En ese sentido, organizaciones de Perú, Venezuela, Guatemala, Brasil, Paraguay, México, Colombia, Nicaragua, República Dominicana y El Salvador, estaban de acuerdo en ampliar el horizonte de unidad revolucionaria.

En 1974 llegaron a Buenos Aires Carlos Fonseca y una compañera nicaragüense, integrantes del Frente Sandinista de Liberación Nacional, para ver el desarrollo de la Junta. Quedaron sorprendidos por el trabajo de la JCR y por el avance guerrillero del ERP en Tucumán. Estrecharon los lazos con las dos organizaciones y con Enrique en particular. Le dijeron de ir con ellos a luchar en Nicaragua. El propio Fonseca le invitó y le insistió para que vaya. Pero no aceptó. Creía que hacía falta en Argentina, pero sobre todo, sentía que estaba más cerca del Uruguay. La compañera nicaragüense llegó a preguntar: *¿cuándo será el día que en Nicaragua controlemos un territorio como ustedes en Tucumán?* En fin… Los dos mostraron una gran admiración por el "*MLN histórico*", por Sendic y por los "viejos".

A pesar de los ataques desde sectores de izquierda, la Junta había logrado un prestigio continental. Eso generó preocupación en los sectores reaccionarios, que para contrarrestarla, decidieron profundizar la construcción de una instancia de coordinación represiva que derivará luego en el Plan Cóndor.

En Estados Unidos, a mediados de 1974 la presidencia de
Richard Nixon se tambalea a causa de la corrupción y el
abuso de poder descubierto en Watergate. En agosto dimite.
Ese mismo año, en Portugal, la Revolución de los Claveles
pone fin a la dictadura más larga de Europa Occidental. Ese
proceso le llamaba la atención a Enrique por la ternura y la
fraternidad que inspiraba, más allá de que tenía claro que era
imposible algo así en América Latina por el momento que se
vivía y lo que representaban las fuerzas armadas.

Todavía siendo un gurí, conocí aquella canción que hasta hoy
me hace estremecer y que para Enrique era una especie de
himno a la libertad: *Grandola Vila Morena* de José Zeca
Afonso. Luego conocí la excelente música de ese gran
cantautor. Es una pena no poder trasladar esa canción de
dignidad a este libro… Aunque ahora se puede escuchar en
youtube. Y claro, recordar siempre esa letra, así, en
portugués:

> Grândola, vila morena
> Terra da fraternidade
> O povo é quem mais ordena
> Dentro de ti, ó cidade
>
> Dentro de ti, ó cidade
> O povo é quem mais ordena
> Terra da fraternidade
> Grândola, vila morena
>
> Em cada esquina um amigo
> Em cada rosto igualdade
> Grândola, vila morena
> Terra da fraternidade
>
> Terra da fraternidade
> Grândola, vila morena
> Em cada rosto igualdade
> O povo é quem mais ordena

À sombra duma azinheira
Que já não sabia a idade
Jurei ter por companheira
Grândola a tua vontade

Grândola a tua vontade
Jurei ter por companheira
À sombra duma azinheira
Que já não sabia a idade

La militancia de Graciela también era ardua. Cierto día iban de La Plata a Buenos Aires con otro compañero en un viejo Ford Fairlane cargado de armas. Pincharon una llanta y no tenían un gato para cambiarla, cuando justo pasaba una patrulla de la policía federal. La pararon y le pidieron la herramienta. Los policías les prestaron el gato. Cambiaron la goma y siguieron viaje. Graciela, o Rafaela, tenía un humor que le movía el piso a Enrique, quien, a pesar de tener una gran ironía, parecía haber nacido serio. En enero de 1974, Ela decía en una carta:

Buenos Aires, 30 de enero de 1974

Queridos míos
Viejita. Flacuchín y Quintín (sin K). Aprovecho esta oportunidad para escribirles, no lo hicimos antes pero no por olvidarnos, si no porque no hubo tiempo.
Aquí estamos muy bien. Luchando con la "casa" que nos da más trabajo que 100 críos juntos. Sabemos que llamaron por teléfono, lastima que no estábamos. Pero nos alegramos pues sabemos que están bien.
Flacucho: Espero que estés repasando la materia que debes, ojo con las minas.
Quintín: Cuando vengas te vas a desquitar de la hambruna comiendo esos menjunjes que te gustan.
Vieja: A ver si se consigue un viejito, para viajar, pues es feo viajar solita, ¿no le parece?
Aquí los recordamos mucho, estamos muy bien. Los queremos. Estamos junto a ustedes siempre. No nos

olviden. Aunque se que no lo hacen. Reciban todo
nuestro cariño. Besitos de todos para todos. Me
olvidaba, mis otros cuñaditos están muy bien. Saludos a
la gentuza, besitos, besitos y más cuchis-cuchis.
Les mando una samba interpretada por mi (la que
quieran).

Chausito, hasta pronto.
Rafa.

Se acercaba fin de año, y tal vez por eso vienen a mi mente
los judas, no los traidores, los muñecos que hacíamos en
diciembre y recuerdo que hace decenas de años, de cuyo
tiempo los libros no tienen memoria, el último domingo de
semana santa en distintos países de América Latina se
quemaban muñecos de paja llamados Judas, el que vendió a
Jesús por treinta monedas. Como estaban vestidos con ropas
muy gastadas (hechas a partir de retazos de tela), el nombre
de Judas también era utilizado por los ricos para denominar a
quienes andaban con ropas muy modestas (para ellos mal
vestidos), o sea los pobres.

Sufriendo algunas mutaciones, la tradición del muñeco
quemado se mantuvo en dos países de la América: en
Ecuador con los "años viejos" y en Uruguay con los "Judas fin
de añeros". Recordar la niñez en Montevideo, es recordar
aquellos Judas. Los niños de cada barrio se juntaban,
conseguían algún vaquero viejo, un saco y lo rellenaban de
papel. Con un trapo hacían una cara redonda y sonriente.
Eran muñecos coloridos. Unos tenían manos pies y algún
gorrito. Otros usaban camisa a cuadros tipo escocesa.

Ya por finales de noviembre se instalaban en cada esquina y,
los muchachos pedían al que pasaba "un vintén pa'l Judas".
El 31 de diciembre se los rellenaba con bombas y cañitas
voladoras compradas con lo recaudado, y se les prendía
fuego en medio de la calle, ante la mirada de los vecinos, que
a esa altura ya se habían bajado varias copas.

Y vuelvo al barrio a ver qué fue de los Judas, vuelvo a la frase de una madre: *"Hace años que murieron los Judas. ¿Te acordás? Unos veinte años... Acá cerquita en la mitad de la calle cortada, el cielo estaba estrellado. Recién había pasado la medianoche del 31, cuando empezaron a retumbar las bombas, luego de que lo prendieron fuego. Era un muñeco grandote como de dos metros, lindo, prolijito. Pero lo quemaron igual. Ese fue el último Judas. Fue el último realizado por toda la muchachada reunida. Después todos se desparramaron por ahí. Unos entre rejas, otros fuera del país, otros se los llevó la vida... otros desaparecieron. La vida se puso fea, ¿qué te voy a decir que no sepas?, vino la dictadura..."*.

Los Judas son como los últimos sobrevivientes de un naufragio, dan testimonio de un destino impuesto, de un tiempo: tiempo de Judas. Y entre los lugares fabulosos de aquella vieja casa de José María Muñoz, vive en mi memoria un altillo lleno de luz y de misterios. Importantísimas cosas inservibles se guardan allí. Entre ellas, un viejo baúl igual al cofre de la Isla del Tesoro, de donde sacamos un viejo vaquero, una camisa a cuadros y unas telas que sirven de material para crear nuestro "Judas", para quemar al terminar el año.

El sol de las tardecitas de diciembre, entra abundante por la claraboya hasta la mesa donde se juntan cinco hermanos a discutir cómo será su muñeco decembrino. Cinco hermanos preocupados con el transitar cansino de una madre que, había sabido criarlos a fuerza de rescatar la vida, cinco hermanos en un barrio donde la solidaridad es el pan de cada día, donde todos se ayudan y protegen, donde no hay puertas cerradas, donde la navidad es una fiesta colectiva en las calles.

Se oye -se oye ahora- el latido de los tamboriles saliendo del corazón de la calle cortada, allí donde viven los morenos, acercándose por la calle Durazno rumbo a la madrugada. La fiesta se respira en el aire cuando es de todos. Los tamboriles repican anunciando la hora, y el tinto corre entre los mayores.

La Navidad para Enrique no significaba mucho, y tal vez para los cinco siempre fue un momento triste, pero le gustaba lo que tenía de reunión familiar, de juntarse entre familia y amigos, aunque sea un rato. En el barrio, la Navidad, pero sobre todo el Fin de Año, eran fiestas colectivas. A pesar de la tristeza, y que tal vez no él no lo vivió tanto como nosotros, le gustaba la creación del Judas y el contagio de los tambores sonando en las calles el 31.

El fin de año del 74 sería el último que pasaríamos Enrique y Ela. Viajaríamos para el cumpleaños de Graciela, el 28 de diciembre. Si bien el viaje estaba seguro, no se sabía dónde nos hospedaríamos. Buscaban un lugar en el que nos quedáramos algunas semanas sin mayores problemas de seguridad. Las siguientes tres cartas de distintos meses de 1974, muestran el momento que se vivía y el momento que vivíamos, la sensibilidad, el compromiso revolucionario y cierta ingenuidad de Enrique.

Buenos Aires, 5 de abril de 1974

Queridos hermanos:
Aquí estamos con mamá después de algunos desencuentros que nos hicieron asustar un poco. Sabemos que están bien y haciendo las cosas correctamente: es decir estudiando y trabajando. Nosotros queremos cosas sencillas (trabajo y estudio) y no debe llamarnos la atención cosas mezquinas y superficiales que esta sociedad y los ricos tratan de inculcarnos, como son: la riqueza, el lujo, la ambición por ser mejores que otros. Aunque para esto sea necesario robar, calumniar, prostituirse. Lo que nos ofrecen ellos son las cosas fáciles, pero llenas de interés en desviaciones de nuestros objetivos, que son principales y difíciles de lograr, pero son de total honestidad, de total rectitud y total pureza, cosas que son verdaderamente

revolucionarias como el trabajo colectivo y el estudio. Sé
que quizás no me entiendan, pero más adelante sí
podrán hacerlo. Lo central es ponerse a estudiar, porque
en el futuro serán necesarios los técnicos, los médicos,
los ingenieros, etc., para comenzar a construir esa otra
sociedad. Y para eso también habrá que trabajar,
trabajar como cualquier obrero y aprender de ellos, pues
de esa clase nace la fuerza que hará invencibles
nuestros objetivos.
En otro plano hay que ayudar mucho a mamá y
mantener la casa. Espero que me escriban pronto. Yo
trataré de hacerlo todas las semanas. Pórtense bien, no
se apresuren.

Besos.
Guille.

Buenos Aires, 21 de junio de 1974

Querida vieja y Kintto
Acá recibimos la visita de Daniel, que nos alegró mucho,
porque ya los estábamos extrañando, pues hacía
bastante que no sabíamos nada de ustedes.
Y por nuestra parte el trabajo nos sacaba la mayor parte
del tiempo y no podíamos escribirles ni hablarles. Así
que no se enojen, ni se pongan tristes, nosotros los
queremos mucho y no nos olvidamos de nadie mamá.
Recibí noticias de los gurises (Omar y Joaquín) pero
recién ésta semana me entregan las cartas y espero
para tu cumpleaños poder darte más noticias. Sé que
están muy bien. De todas formas, apenas las tenga se
las enviaré. No tenés porque agradecer nada a nosotros.
Todo lo que hemos hecho o hagamos por ustedes lo
hacemos por cualquiera y luchamos para que todos
sean felices.
Me cuesta mucho escribir. Bueno, muchos besos y
muchas felicitaciones a Kintto por las notas que tuvo.

Abrazo y besos.
Guille

Buenos Aires, 9 de diciembre de 1974

Querida Vieja y hermanos
Esperando que se encuentren bien. Podemos ahora si
confirmarles que van a ser abuela y tíos. No queríamos
hablarles hasta estar seguros, por eso nos demoramos
un poco, pero todos los análisis han dado resultados
positivos. Nosotros estamos locos de la vida. Bueno
saquen pasaje para el 28 o 29 que es el cumpleaños de
Ela.
Tenemos todavía algún problema, pues no sabemos
dónde los vamos a alojar, pero eso ya se resolverá.
Traten de sacar inmediatamente los pasajes porque sino
se van a agotar.
Bueno Muchos besos para todos y felices fiestas.
Guille

Los últimos meses de 1974 fueron muy complicados por los
golpes de la represión y las primeras acciones de
coordinación represiva. En octubre muere Miguel Enríquez,
quien fuera unos de los pilares fundamentales en la creación
e impulso de la JCR. La Junta hizo la siguiente declaración:

¡Ha muerto un revolucionario! ¡Viva la Revolución!

La caída del querido compañero Miguel Enriquez, que
tenía las máximas responsabilidades de dirección en la
organización hermana Movimiento de Izquierda
Revolucionaria, MIR, de Chile, nos ha conmovido
profundamente y nos ha servido para unirnos aún más,
si cabe, en pos de nuestro objetivo histórico: la
revolución socialista latinoamericana.
Las informaciones dan cuenta de que Miguel Enríquez
cayó combatiendo con las armas en la mano a los

gendarmes de la Junta Militar gorila. Ha sido un cuadro político y militar del MIR, uno de los mejores hijos del heroico pueblo chileno, cuya resistencia no logran doblegar el terror gorila ni el imperialismo yanqui que lo sostiene.

Un héroe más se ha sumado a la larga lista de los caídos por la liberación nacional y social de los pueblos latinoamericanos. Un héroe más ha caído en el camino del Che, en el camino de Vietnam; su sangre es un nuevo tributo que rinde a la revolución mundial la lucha de los pueblos oprimidos. Pero nuevos brazos se tienden presurosos a recoger su fusil, conscientes de que a un revolucionario no se le llora, se le reemplaza. Al cumplirse un nuevo aniversario de la muerte gloriosa de nuestro querido comandante Ernesto Che Guevara, en pleno corazón de la selva americana, unimos su nombre al de nuestro querido compañero Miguel Enríquez que acaba de caer por la libertad de Chile y por la revolución latinoamericana.

Compañero Miguel Enríquez:
¡Hasta la Victoria Siempre!

Durante los tres últimos meses del 74 fueron detenidos en Uruguay y Argentina decenas de tupamaros y militantes de otras organizaciones de izquierda. Diecisiete militantes del MLN fueron asesinados en los dos países. También decenas de estudiantes fueron apresados en Uruguay. En noviembre fueron presos varios militantes políticos, estudiantes y sindicalistas, entre ellos algunos conocidos del Liceo Miranda. A principios de ese mes, fueron secuestrados en Buenos Aires los tupamaros Héctor Brum y su esposa María de los Ángeles Corbo, Graciela Estefanell, Floreal García, su esposa Mirta Hernández y el hijo de ambos Amaral García de 3 años. Luego fueron trasladados ilegalmente a Uruguay como parte de la coordinación represiva. Existía alarma en el MLN y en distintos grupos de uruguayos ya que no se sabía qué había ocurrido con ellos y no aparecían como detenidos.

Semanas después en Soca, departamento de Canelones, aparecieron los cadáveres acribillados a balazos. El 19 de diciembre, en París fue asesinado el coronel Ramón Trabal, agregado militar de Uruguay en Francia. Si bien se atribuyó la autoría a una supuesta "Brigada Internacionalista Raúl Sendic", la prensa internacional mediante diversas investigaciones denunciaría que fue mandado a asesinar por la propia cúpula militar que lo veía como un peligro por su simpatía con los militares nacionalistas peruanos y su intención de combatir la corrupción no solo de los políticos si no de policías y militares. Un día después aparecieron los cuerpos en Soca como una respuesta a un asesinato que había cometido el mismo régimen. Según algunas versiones, los mandos militares discutieron incluso la posibilidad de fusilar alguno de los rehenes.

Trabal, que no fue ascendido a general por su postura de buscar una salida política a la crisis que vivía el país, participó en negociaciones con los tupamaros presos desde mediados de 1972 a marzo de 1973, y participó en la redacción de los comunicados 4 y 7 de las fuerzas armadas que hicieron confundir a algunos dirigentes de izquierda, quienes creyeron que un sector militar constitucionalista podía imponerse al sector fascista. Semanas después en Buenos Aires, Enrique nos dirá que el asesinato de Trabal era un ajuste de cuentas de los generales para sacárselo de encima y tratar de involucrar al MLN.

Cuando llegamos al puerto de Buenos Aires aquel 28 de diciembre de 1974, nos estaba esperando Ela. A un par de cuadras encontramos a Enrique en un pequeño Fiat. Fuimos para la casa donde nos quedaríamos sin mirar el recorrido. El camino se hacía largo porque manejaba despacio, con una tranquilidad asombrosa y no le gustaba manejar. No podíamos olvidar que Enrique era Guillermo y Graciela Rafaela.

Nunca supimos exactamente donde nos quedamos, ni preguntamos. Pero se notaba un lugar de clase media baja en las afueras de Buenos Aires. Cuanto menos cosas supiéramos era mejor en aquella época. Era también una elemental forma de protección. Tal vez por eso olvidé, primero a propósito, muchos hechos que hoy ya no puedo recordar.

También en esos años, estábamos casi obligados a vivir desconfiando y teníamos que cuidarnos por las acciones de la Triple A y los escuadrones de la muerte. Cierto día, íbamos Graciela, la vieja y yo a un oculista en una calle donde había varias clínicas oftalmológicas. Nos equivocamos de local y entramos en un a clínica errada.

Cuando íbamos entrando salían tres hombres con pinta de militares que llevaban a un joven de poco más de veinte años. Yo estaba acostumbrado de que la fuerzas conjuntas aparecieran en casa a cualquier hora buscando a alguien, pero esto parecía algo más complejo. No era una detención legal. Se parecía mucho más a un secuestro.

El muchacho tenia señales de que había sido golpeado. Eran las 7 y 30 de la mañana y, tal vez podía pasar como si recién se hubiese levantado por lo despeinado. Uno de los otros tres iba recostado sobre él como apuntándolo con un arma. Preguntamos por la clínica que buscábamos y el muchacho con una sonrisa forzada nos señalo que era más adelante. Percibí la situación en el momento. Ela nos apuró y seguimos recto tratando de dejar atrás el local. Mamá no entendió muy bien qué ocurría en aquel instante. Rafaela le explicó. Aquellos hombres con aspecto de policías o miliares no parecían estar haciendo una detención legal. Pero no podíamos hacer nada.

La vivienda en Buenos Aires donde nos quedamos tenía otra casa escondida debajo. No era un sótano, era casi un departamento. En un determinado lugar se movía una baldosa, se introducía un fierro y un gato hidráulico levantaba una placa embaldosada en otro cuarto por donde se ingresaba. Estaba lleno de armas con aire acondicionado. También tenía cama, baño y las condiciones de un mini departamento. En la casa vivía una pareja que estaba compartimentada. Un día sentimos un ruido parecido al de un motor. Al preguntar Enrique nos dijo que no sería nada.

Días después escuchamos nuevamente el mismo ruido y el compañero no tuvo más que contar el secreto pidiendo a Daniel y a mi que por favor no le contáramos a Enrique. Durante doce años borramos eso y tantas cosas de la memoria. Como las cartas. En tantos viajes, mudanzas, idas de un lugar a otro, de un país a otro, mamá, Daniel y yo perdimos varias cartas. También buena parte de sus cartas a Joaquín y Omar en Cuba, se perdieron. ¿Y Dónde habrán ido a parar nuestras cartas y las de ellos desde Cuba?

Mientras jugábamos un truco en pareja, Guillermo con Daniel y yo con otro compañero uruguayo buen jugador, Enrique nos dio la noticia: habían decidido ir para Bolivia. Creo que a todos nos golpeó un poco, aunque estábamos acostumbrados a aceptar las decisiones. Dos años después recordaría esa conversación, cuando un presentimiento me diga que Enrique había muerto.

Después del último trabajo con la JCR, le propusieron ir para Europa y esperar condiciones para regresar a Uruguay. Lo que ya le habían propuesto antes. Pero no aceptó. Algunos buenos compañeros se iban a quedar e intentarían entrar a Uruguay. Pero las condiciones eran muy adversas y podrían ser presa fácil del aparato represivo. En Bolivia tampoco estaban dadas las condiciones, pero Guillermo asumía el trabajo como parte de un proyecto estratégico vinculado a la regionalización de la revolución con Salta y Tucumán.

El trabajo con la Junta fue positivo, y su camino ya estaba decidido. Veinticinco años después, días antes de las elecciones que llevarían a José Mujica a la presidencia, me reuní con una compañera que vivía en Francia, quien había sido muy amiga de Enrique, me contó una anécdota que, de alguna manera, mostraba que él creía tener un camino marcado.

La compañera me dijo con un asombro de años, mientras se le caía algunas lágrimas, que antes de dejar Chile le dijo de ir a un cabaret porque quería "*conocer uno antes de morir*". Aunque ella y otros compañeros le llamaron la atención diciendo que era una tontería, él dijo estar seguro que tarde o temprano iba a morir.

Cuando ella me contó eso en un boliche montevideano, en el que también estaba Guillermo Reyman, más allá del dolor que me produjo, no tuve dudas de que él estaba convencido de eso. No porque quisiera morir, si no porque sabía que asumió un camino muy difícil, un camino que pocos asumen. Estuvimos largo conversando sobre Enrique, recordando tantas cosas, tantos momentos, y su capacidad para asumir responsabilidades convencido de que era necesario para la revolución. Así fue en el FER, así en cualquier lugar.

Pero aquel fin de año, en aquella casa del Gran Buenos Aires, Enrique nos explicaba que "*no podía defraudar a tantos compañeros y compañeras*" que habían muerto en tantos lados, y a otros que estaban presos. Pensó bastante, antes de tomar la decisión de ir a Bolivia. Podía haber ido a Nicaragua, pues el propio Carlos Fonseca que organizaba el regreso al país, le pidió que se sume a la revolución nicaragüense. Sin embargo, tenía un mayor vínculo con el país andino por la propia Ela, estaba la historia del Che y era más cerca de Uruguay.

En Nicaragua parecía que las condiciones tampoco estaban dadas todavía. Enrique sabía que en la dirección del ELN había personas en las cuales podía confiar y otras que era mejor tenerlas lejos. Stamponi, que a la postre también moriría eran uno en los que podía confiar. Como una forma de convencerlo, le regalaron una pistola que supuestamente había pertenecido a Inti Peredo. Más allá de todo, la decisión estaba tomada.

En 1975 murió el dictador español Francisco Franco, y se inició la "transición" democrática en España. En ese mismo año comienza una cruenta guerra civil en El Líbano. En Vietnam se consagra la victoria final del ejército socialista sobre Estados Unidos, Saigón se convierte en Ciudad Ho Chi Minh y los dos Vietnam se unifican. La realidad surgida de la guerra, y particularmente de los bombardeos estadounidenses con productos químicos es devastadora: desequilibrio ecológico, múltiples enfermedades en la población y un país semidestruido. Los bombardeos estadounidenses también devastan Camboya y Laos.

El 17 de julio de 1975, mientras sus naves orbitan la Tierra, un astronauta soviético y un estadounidense, flotan a lo largo de un túnel que une sus naves y se dan la mano. El primer encuentro internacional en el espacio, entre Estados Unidos y la Unión Soviética, es resultado de un tratado firmado en 1972, durante el viaje de Richard Nixon a Moscú. Sin embargo, en la Tierra los misiles de sus países se mantienen dispuestos para la destrucción mutua y del planeta.

Promovido por la ONU, 1975 es declarado el Año Internacional de la Mujer, lo que supone un reconocimiento a la situación de injusticia y desigualdad que sufren las mujeres del mundo. Además de promover la igualdad, impulsa las investigaciones sobre la condición de la mujer en diversos ámbitos. También en 1975 en Perú es derrocado Velasco Alvarado por una nueva junta militar encabezada por el general Francisco Morales Bermúdez, cercano a Washington.

En Argentina, la derecha del Partido Justicialista abre las puertas a la cúpula militar para que dé finalmente un Golpe de Estado y se instale una nueva dictadura. El saldo se mediría años después en miles de muertos y torturados, y 30.000 desaparecidos. En Polonia surge el Movimiento Sindical "Solidaridad" con el apoyo de sectores de la Iglesia Católica. Con la muerte de Mao Zedong ese mismo año, termina una época en China Popular, y se abre un reacomodo interno dentro del gobernante Partido Comunista Chino.

Antes de entrar a Bolivia, Enrique viajaría a Perú donde se reunirían para planificar las tareas a realizar en territorio boliviano. Según él, o mejor dicho según lo que le habían contado, había un buen trabajo con los mineros, una buena base social organizada y el dictador Hugo Banzer no había logrado consolidar todo el poder militar como ocurría en Uruguay y Chile porque, supuestamente, todavía existía un sector leal al ex presidente y general progresista Juan José Torres.

Más allá de lo que le habían contado, sabía que buena parte era mentira o solo imaginación. Si bien ya no respondía al MLN y su compromiso de conciencia era solo con los viejos, que estaban presos, seguirá siendo tupa en cualquier lugar. Aquel día del truco repitió algunas veces: *"el día que vea que puedo volver a Uruguay ahí estaré"*. Era también una forma de conformarnos.

Cuando hablaba del MLN, a pesar de las decepciones, reivindicaba el papel de la organización y aseguraba que aunque se hubiese puesto énfasis en la vía armada, se iba consolidando un importante trabajo de masas. También decía que más allá de los errores tácticos, en lo estratégico no se habían equivocado mucho. Insistía en que la lucha militar era eminentemente política, eminentemente ideológica, y habían logrado desnudar la pudrición que se escondía detrás de la democracia burguesa. Aseguraba que se le había sacado la careta a la oligarquía uruguaya y habían mostrado lo que se ocultaba detrás de esa piel de cordero de los militares. Además de la falta de escrúpulos de una clase, que cuando precisa recurre a los ejércitos para reprimir al pueblo.

Estaba convencido que si bien el MLN había sido derrotado militarmente, no había sido derrotado políticamente y creía que en el futuro eso quedaría en evidencia. Pero sabía que los próximos años serían muy duros y difíciles para el país.

No sé porque, ni si viene al caso, pero se me ocurre pensar
en el *Cielito de los tupamaros*, de Osiris Rodríguez Castillo,
que no fue creado para el MLN, pero había sido prohibido. Tal
vez ahora, en este punto, vale recordarlo, y para eso
podemos recurrir nuevamente al internet, este mundo raro
casi imposible de imaginar en aquella época, pero con el
ruidito de un disco de vinilo.

Antes de partir para Perú, Guillermo repartió las armas y el
dinero que le correspondía a cada quien y cerró alguno que
otro "berretín". Finalizó un ciclo en la lucha y se iniciaba otro.
Le faltaba poco para cumplir 24 años. Tenía una mirada
transparente, al hablar transmitía seguridad y tranquilidad,
pero te faltaba la maldad que dan la calle y los años. Enrique
y Ela iban rumbo a lo que creían conocer, pero el sueño
boliviano más temprano que tarde dejaría paso a la realidad.
El Ampliado de Ñankaguazú fue el inicio de un camino sin
retorno. Al recordar la despedida, Pepe, un compañero que
estuvo con Enrique en Chile y en Argentina, me decía:

> Me acuerdo mucho de su forma de hablar. De su
> tranquilidad. Un tipo muy querible, de una rectitud
> espartana que me contagió. Compartimos tarea durante
> un año. La tarea era muy dura en Argentina. Comíamos
> una o dos veces por día juntos. Hay mucho para contar
> de su trabajo en Argentina pero es mejor solo decir una
> anécdota... La que más recuerdo fue cuando nos
> despedimos antes de que se fueran primero a Perú y
> después a Bolivia.
> Era nuestra costumbre intercambiar algún objeto
> querido, que no eran muchos. Yo le regalé un cuchillito
> francés Lagiole que me había regalado un abuelo,
> Guillermo me regaló un conjunto de pantalón y campera
> de corderoy para que salga mejor vestido y una bombilla
> uruguaya. El conjunto era de color marrón y me dijo 'que
> te traiga suerte...'. Nos reímos, porque yo soy
> superticioso y el marrón disque me trae mala suerte...
> Pero él quería convencerme que eso eran pavadas. A
> los tres días se comprobó que yo tenía razón. En Chile

la pasamos mejor en la primera etapa, hacíamos las tareas pero caminábamos y divagábamos sobre la vida. También nos reíamos un poco de los franceses, de los chilenos y de la diferencia de comidas.
Siempre me conseguía oxivitue (Jaja) Después tuvimos varios encuentros, incluyendo el nacimiento de Carla. Es mucho tiempo en esos pocos años…

El Ampliado de Lima

En marzo de 1975 en Lima, en un barrio ubicado a 30 minutos del aeropuerto Jorge Chávez se realizó el Ampliado Ñankaguazú, una especie de Convención Extraordinaria Refundacional del ELN. Participaron unas 30 o 40 personas llegadas de Argentina, Cuba, Europa, Perú y Bolivia. Los de Bolivia eran sobre todo de zonas mineras. La situación del ELN era tan crítica, con tantos enfrentamientos internos que no fue posible ni siquiera elaborar un Documento base para debatir, como ocurría con cualquier Convención o Asamblea, por más clandestina que fuera.

En todo caso, se podía tomar como documento previo, el de Estrategia de Lucha del ELN, de septiembre de 1974, que muestra una transición entre la visión política foquista de 1970 a 1972 y una mueva postura con una visión más integral de la lucha social y política que reivindicaba la JCR. En ese primer documento hacia el cambio, pasaron del foquismo puro a caracterizar la lucha como armada, prolongada y continental.

La primera parte de la reunión dejó en evidencia las contradicciones y la falta de confianza entre los propios compañeros. Eso le demostró enseguida que la situación era demasiado compleja y que para resolverla era necesario que surgiera una propuesta nueva que fuese dirigida por quienes no estaban cuestionados. Sin embargo, no se imaginó que eso no bastaría para eliminar el resentimiento acumulado en años, ni que en mediano y largo plazo sería peor, incluso para la seguridad. En realidad más que una autocrítica, fue una recriminación general.

En la segunda parte, cuando se trató las propuestas políticas y la construcción de la organización, el ambiente seguía tenso y difícil para lograr acuerdos. La intervención de Enrique y la de Stamponi sirvieron para enrumbar un poco el debate, pero se mantenía un ambiente de tensión.

Conversaron con Mario Roberto Santucho y Domingo "Mingo" Menna sobre las dificultades y la necesidad de llegar a acuerdos urgentes ante el peligro de la disolución que algunos proponían. Tal vez eso hubiese sido lo mejor para todos, y sobre todo para Enrique y Ela, pero fracasaría el proyecto estratégico regional antes de empezar. No se dio cuenta que ese clima había minado de antemano la relación en el ELN y estaba minando el futuro por más que se lograran acuerdos. La mente humana puede llevar a acciones terribles cuando se incuba un resentimiento individual y colectivo, por lo tanto, es campo fértil para la traición, la delación y las piedras en el camino.

Los últimos días se sumó a la asamblea Mingo, tercero dentro de la dirección del PRT-ERP, uno de los impulsores de la JCR y responsable de las relaciones con otras organizaciones. Su apoyo y la influencia que ejerció fue fundamental en la reunión. Sus argumentos fueros escuchados y aceptados. Llegó justo en el momento adecuado, cuando el debate parecía no encontrar salida por las acusaciones. Mingo fortaleció la postura de Enrique y de Stamponi, también conocido como Gerardo. Tal vez lo único que no le gustó mucho a Enrique fue la forma de hablar de Mingo, que parecía imponer. Guillermo estaba acostumbrado primero a escuchar y finalmente a marcar su posición, y aunque era difícil de cambiarla, respetaba la de los otros.

Sin embargo, la realidad del ELN, que no le habían contado en toda su dimensión, necesitaba de un golpe de efecto en el debate. Tal vez no era lo mejor para el futuro, pero era lo mejor para el momento. Tal vez se consolidó una unidad muy débil que no tenía futuro. Tal vez les faltó entender la forma de ser de los bolivianos. Tal vez… solo tal vez. En todo caso la militancia mostraba un descontento y un cansancio con las viejas direcciones, con el verticalismo y el personalismo, por lo tanto querían propuestas nuevas y gente en quien confiar para llevarlas adelante.

En la reunión, fue muy cuestionado Chato Peredo, en quien muy pocos creían y que en algún momento podría ser una piedra en el camino. Cuestionado y cargando el peso de reiterados errores, Peredo se defendió atacando la visión de los que proponían la confluencia de las diversas formas de lucha reivindicando el foquismo. Mostró una gran inmadurez durante toda la reunión. Finalmente tuvo el apoyo de dos o tres militantes. No integró la dirección y fue enviado a trabajar en las bases en Bolivia. Eso le generó un gran resentimiento, porque no tenía ni la madurez ni la convicción para aceptarlo.

El nuevo Comité Ejecutivo Nacional del PRT/B-ELN quedó integrado por Luis Stamponi, Rubén Sánchez y Enrique. En los estatutos se estableció el Centralismo Democrático, tratando de desvirtuar el verticalismo tan cuestionado en el debate.

Stamponi y Enrique se ganaron la autoridad por la trayectoria y compromiso, pero la condición humana es muy compleja y solo el futuro dirá si tendrán en los hechos, día a día, el respaldo necesario para consolidar un proceso revolucionario en un momento muy difícil… En un país muy particular, con una cultura distinta y al cual no conocía lo suficiente. Confiaba en Stamponi no solo por su trayectoria sino porque lo conocía de algunas acciones en la JCR.

Cuando ingresaron a Bolivia, él se instaló en la zona minera de Llalagua, Enrique se fue a Cochabamba. Los dos vivirán en forma humilde. Creía en la necesidad de coordinar y complementar las luchas. La planificación estratégica del ERP y el PRTB buscaba coordinar y vincular las acciones en Bolivia, Tucumán y Salta, con el apoyo de la JCR. Stamponi y Enrique dirigían las acciones de consolidación de ese proyecto internacional y, dentro de la dirección de la organización boliviana, eran quienes tenían más clara la necesidad de que el proceso revolucionario debía fortalecerse en un área geográfica que integre a los dos países, o finalmente sería derrotado.

Enrique tenía claridad para pensar estratégicamente y mirar más allá de la coyuntura, pero el día a día terminará golpeándolo. Si bien conocía en parte como estaba la organización, el Ampliado de Ñankaguazú le abrió los ojos sobre la realidad que iba a enfrentar en Bolivia. Pero conociéndolo, a pesar de lo que veía en el ELN, no daría marcha atrás. Días después de realizado el Ampliado, recibimos una carta de Ela y otra suya. Mostraban la ternura de una pareja que entregaba todo por sus ideales, pero al leer entre líneas se percibía que incluso estando seguros de lo que hacían, extrañaban bastante y tenían dudas del futuro.

Lima 23 de marzo de 1975

Querida vieja y chicos:
¿Cómo andan? ¿Cómo van? Espero que bien, muy bien. Yo con ganas de verlos y estar con ustedes, aunque sea por un ratito cortito. Como verán se paso muy rápido el tiempo y ya hace dos meses que no nos vemos, pero igual el flaco les contará como andan mi panza y yo, aunque pensamos que viajaré a esa (Buenos Aires) cuando nazca el niño para que lo conozcan.
Por ahora no puedo viajar, por trabajo y por el embarazo (siete meses ya) Vieja me gustaría que en las compras que le encargo al flaco, sobre todo la ropita de bebe, usted le ayude, porque sino el va a comprar cualquier cosa y yo necesito todo con ingenio. Le diré que "me cago" como loca cuando pienso que ya solo me quedan dos meses para parir, pero bueno, me imagino que siempre es así cuando se trata de la primera vez ¿No le parece? ¿Y cómo anda usted? ¿Fue al médico? ¿Se animó al fin? ¿Y los nenes cómo están?
Le diré que como usted verá su hijo está flaquito, pero no se preocupe que todo lo que él no ha engordado, lo he engordado yo. Si viera mi panza se reiría, es tan cómica y graciosa que ni se imagina. Ya les mandaré

fotitos. Ahh, me olvidaba de una cuestión, su nieto (o nieta) ya tiene un cochazo, parece un Mercedes Benz o un Ford, nos lo regalaron. Además bañera y otras cositas, una campanita y un cepillo para peinarlo, que también tiene música y unas ropitas. Bueno en general todos me han dado alguito, imagine, yo loca de contenta. Y el padre aunque se hace el indiferente también. Bueno viejita y chicos, sin más por el momento reciban besotes y abrazos. Usted estrújelo al flaco como si se tratara de mí. Los recuerdo y quiero mucho.
Besitos de miel. Cuídense.
Hasta siempre.
Ela y bebe.

Lima 1 de abril de 1975

Querida vieja y niñitos
¿Como están? Esperamos que bien, nosotros como verán muy bien visitando estas pintorescas tierras del Perú. Luego de un viaje bastante lindo en que hicimos escala en Chile llegamos a las 11 de la noche, o sea demoramos poco más de cinco horas. Ya estamos instalados y trabajando mucho. La flaca anda muy bien con decirles que se le ha ido por completo la baja presión, ha de ser por el clima o la altura. Ya habrán comenzado las clases. ¿Como le va? ¿Como se portan? Tienen que laburar y ayudar a la vieja. Ya vamos a tener oportunidad de verlos y charlar largo y tendido. Y contarles muchas cosas.
Y a usted mamá como la tratan esos dos sabandijas. No dejes de ir al medico, porque no tiene ningún sentido que te dejes estar tanto tiempo.
Aún no sabemos el tiempo que vamos a estar por aquí, si es mucho tiempo les vamos mandar la dirección para que nos escriban, pero si no te llamaremos por teléfono para que vayas a Buenos Aires. Ya veremos que se decide.

Todavía no hemos podido salir mucho para conocer
esto, pero Lima es una ciudad muy bonita. Lo que
hemos hecho hasta ahora es ir al Parque de las
Leyendas donde hay un zoológico y una pequeña selva
artificial, todo muy hermoso, nos quemamos montones,
porque aunque el sol parece que siempre está oculto por
las nubes, quema muchísimo.
Esta semana juega Peñarol, no me lo voy a perder.
Bueno, les va a costar leer un poco la postal pero así me
ahorro espacio.
Saludos a todos los parientes y un fuerte beso y abrazo
para ustedes.
Enrique

El ingreso a Bolivia

Antes de ingresar definitivamente a Bolivia, Enrique volvió a
Buenos Aires, estuvo con mamá una semana y regresó a
Perú. Faltaba poco para nacer la beba y llevó aquellas ropitas
y encargos que Graciela le había hecho a la vieja.

El 26 de junio llegó un telegrama deseándole feliz
cumpleaños a mamá, tres días después llegó otro con la
noticia del nacimiento de Carla. Sería inscripta como Carla
Rutilo Artes. Llevaría el apellido de su madre porque Enrique
tenía documento falso y estaba requerido en Uruguay,
Argentina y Chile. Sin embargo, en uno de los papeles del
registro del hospital, la niña aparece con el nombre de Carla
Virosta (apellido del documento de Enrique) Rutilo (Apellido
de Graciela).

Carla nació el 28 de junio de 1975 pesando 2.650 kilogramos,
midiendo 48 centímetros, en el Hogar de la Madre, hoy
Clínica - Hospital Rosalía de Lavalle de Morales en Gervasio
Santillana 260, Miraflores. Graciela ingresó al pabellón 7b del
hospital, el 28 a las 13h00, muy adolorida. La niña nació a las
13h50 y su primer grito fue espontáneo. El 1 de julio a la 11
AM, Graciela recibió el alta.

Enrique no pudo estar presente el día del nacimiento de su
hija. Se encontraba fuera de Lima. Pero a pesar de todo, su
pensamiento estaba junto a su compañera y su hijita.

El 1 de julio, madre e hija se retiraban del hospital. La calle de
los Mogabundos 258 en el barrio Jesús María, donde vivían
Graciela y Guillermo, fue escenario del festejo cuando
llegaron Carlita y su madre. La alegría del padre era
indescriptible al ver a la chiquita. Ser papá siempre es algo
nuevo, pero ser padre por primera vez, y en las condiciones
que ellos estaban era como un regalo de la vida. Pero
también era una responsabilidad muy difícil en ese momento.

El 23 de julio se expedía el certificado de nacimiento a nombre de Carla Graciela Rutilo. Sus cartas y las de Ela mostraban la alegría por la llegada de Carla, pero siempre se notaba un dejo de nostalgia, de necesidad de conversar y estar más cerca de la familia.

Arequipa 17 de agosto de 1975

Querida Abuela y tíos:
¿Cómo se sienten? Por vuestras cartas veo que bien. Nosotros, se imaginan. La flaca más boba que yo. Esto quizás sea porque a los pocos días de tener Carlita he tenido que viajar por cuestiones de trabajo y hasta ahora no la he vuelto a ver, solo por fotos. Así que la privilegiada y la que ha tenido que cargar con todo ha sido ella. La nena es muy linda, es igual a mi (JaJa). Pero ya muy pronto volveremos a estar juntos. Me muero de ganas de estar junto a ellas.. Le estoy escribiendo a los hermanos (Joaquín y Omar en Cuba), pues tengo ahora oportunidad de comunicarme con ellos. Es una carta larguísima, pues hay tanto para contarnos. Si tengo respuesta se las haré llegar inmediatamente.
Estoy engordando, así que no se preocupen, me encuentro viviendo entre montañas, entre 3500 y 4000 metros de altura. Los primeros días me fatigaba algo, pero ya me he aclimatado. Les enviaré postales, sigan escribiendo que las cartas llegan bien.
¡Ah! Les estaba diciendo que estoy engordando pues el clima da mucho apetito. ¿Que les cuento? Que todas las mañanas como torta fritas (aquí las llaman pasteles) en el mercado.
Sé que las cosas por ahí como siempre cada vez son más difíciles y cada vez serán peores, por un largo tiempo la situación uruguaya va a ser jodida, y por lo tanto la obligación de superarse y ayudar a mamá son mayores. Pero tenemos mucha confianza en ustedes pues ya son unos hombres que poco a poco van madurando.

Desgraciadamente les toco vivir una época jodida, sin
tener nuestro apoyo y guía y hoy deben tener muchas
inquietudes y confusiones, pero es parte del mundo en
que vivimos. Les vuelvo a reafirmar algunas cosas para
que no cometan errores. No deben meterse en
problemas, por un largo tiempo la situación del Uruguay
va a estar jodida. Lo único que deben hacer es estudiar
y por favor no se vinculen a nadie. El estudio nos da
claridad sobre muchas cosas y hace que cometamos
menos errores. Nos hace mas cultos.
Por otro lado deben seguir trabajando y ayudar a mamá,
y además les ayudara a ustedes, pues van a conocer lo
que siente un obrero y con el tiempo van a poder tener
sus puntos de vista y pensar como ellos. Eso los hará
más fuertes. Quizás no me entiendan mucho. Pero no va
a faltar oportunidad para volver a hablar y discutir.
Bueno mamá, cualquier cosa nos avisas como se
comportan esas dos piezas. Cuidate mucho y no dejes
de ir al médico. Mamá no te sientas vieja ahora que sos
abuela, porque no los sos, y todavía esperamos darte
muchos nietos, al menos yo pienso eso, aunque a la
flaca no le guste mucho la idea, pero ya veremos.
Escriban.
Un millón de abrazos y besos.
Enrique.

8 de octubre de 1975

Querida vieja, queridos chicos
Les hemos escrito una carta y les hemos mandado fotos,
pero estas cartas no se si les han llegado y por
consiguiente imagino que no nos contestana por ello.
Precisamente esperando la respuesta no escribí, pero
viendo esta situación que es muy probable se haya
dado, les escribo. Siempre esperando que al recibo de
estas, estén bien. Nosotros bien y la bebe también.
Esta tiene la misión de comunicarles que no escriban
hasta que les avisemos nosotros, porque nos vamos al

interior y no sabemos cuando volveremos, y por eso, para que nos se pierdan las cartas, es mejor que no escriban. A nuestra vuelta inmediatamente les escribimos, y así no hay problema. Espero que los chicos estén bien, y estudiando mucho y trabajando para ayudarla a usted. Viejita cómo anda su salud ¿Ha ido al medico? Si no lo ha hecho tiene que ir, no se olvide. Queremos que saluden a la familia en nuestro nombre. Cuídense mucho, los extrañamos y nos gustaría verlos pronto, pero tenemos trabajo asegurado y por eso es mejor seguir hasta tener estabilidad. ¿No le parece? Bueno queridos míos, sin más por el momento, nos despedimos, mandándoles fotos de la belleza de vuestra nieta y sobrina, no se babeen como nosotros, pero es muy linda ¿Verdad?
Hasta siempre. Los queremos mucho.
Chau. Los queremos. Los extrañamos.
Ela

Como una forma de preservarse decidieron no dar a conocer enseguida la refundación del ELN y fundación del PRT-B, hasta julio de 1975 cuando un activo de militantes resolvió darla a conocer públicamente. A Enrique le tocó encargarse de la creación de un periódico. Con la misma seriedad que ponía en el trabajo estudiantil, en las acciones armadas, en la construcción de la Junta, en hacer finanzas, se dedicó a la creación de *El Proletario*, que apareció en septiembre como órgano oficial del ELN-PRT-B. El nombre mostraba la visión socio-política y estratégica de la organización.

En la portada la famosa foto del Che de Korda, anunciaba el editorial que marcaba la línea política y que se titulaba "*La estrategia del comandante Guevara y el accionar del ELN*". La reivindicación de Che era el punto de partida para esbozar la nueva visión del trabajo social y político. Paralelamente se tomaba distancia del accionar posterior a la muerte del guerrillero argentino cuestionando a la dirección de entonces por no haber realizado un análisis autocrítico de la guerrilla de Ñankaguazú y las causas de su derrota.

Se argumenta que en el afán de dar continuidad a la guerra se optó desesperadamente por *"el desarrollo de una nueva columna guerrillera en una interpretación unilateral de la concepción del Che"*. Y agrega que esa unilateralidad *"es la que permite que la pequeña burguesía fuertemente implantada por la guerrilla, acuda al llamamiento y sea la base sobre la que se construye el ELN, debilitándolo ideológicamente y alejándolo de las necesidades y problemas de la clase obrera y del pueblo"*.

Más allá del respeto y reconocimiento hacia Inti Peredo, la crítica hacia su visión realizada en el periódico, muestra una distancia organizativa y política con el anterior ELN: *"La gran responsabilidad de seguir adelante con la obra iniciada por el Ché y la falta de ligazón con la clase obrera, imposibilitada por la sañuda represión lo llevan (a Inti) a no hacer un análisis marxista-leninista de la realidad en ese momento, y a plantearse una sola actividad de todas las que componen la guerra revolucionaria: el frente militar. No ve Inti la necesidad de un partido de combate, el partido de nuevo tipo, el auténtico partido del proletariado, que desarrollando todas las actividades, legales e ilegales, pacíficas y violentas, políticas y armadas, incorpore a las más amplias masas a la guerra revolucionaria. Su error costó caro, y costó muy caro porque fue el motivo principal de su asesinato. El enemigo estaba claro que Inti tenía la capacidad suficiente para corregir este error y darle al pueblo los instrumentos indispensables para su triunfo: el partido y el ejército"*.

El aislamiento de la organización en determinados momentos fue asumido como una consecuencia del foquismo. Para contrarrestar la posibilidad de quedar aislados se decido una inserción en los diversos sectores sociales que de a poco empezaban a fortalecerse en las movilizaciones de rechazo a la dictadura. Una tarea que la mayoría de militantes no había desempeñado. *"En el ELN se acostumbraba a retirar los cuadros de los movimientos sociales para llevarlos a militar en el monte o en casas de seguridad"*, como diría un militante.

En Bolivia los militantes se repartieron principalmente entre La Paz, Cochabamba, Potosí y Oruro. Si bien el gobierno militar empezaba a evidenciar desgaste y se notaba un mayor rechazo, incrementó su capacidad represiva con la implementación del Plan Cóndor de coordinación represiva entre Bolivia, Chile, Argentina, Uruguay, Paraguay, Brasil y Perú, creado formalmente en Chile, el 20 de noviembre de 1975, aunque venía actuando desde antes.
Bajo la Operación Cóndor se intercambiaba con mayor facilidad la información entre los servicios de inteligencia de los países.

Su propósito fundamental fue coordinar acciones para enfrentar a la JCR que ya se había posicionado como una coordinación efectiva de las organizaciones revolucionarias. En todo caso, así fuese como resultado de la coordinación del Cóndor, las acciones represivas se habían incrementado.

La Operación Cóndor también potenció los aparatos represivos de los distintos países que se sintieron con un mayor respaldo y mayores posibilidades de impunidad a futuro para torturar, matar y desaparecer. Sumadas las acciones del Plan Cóndor, de los servicios de inteligencia bolivianos y las delaciones, a fines del 75 y comienzo del 76, PRTB-ELN empezará su declive.

La militancia de Guillermo y Rafaela fue muy fuerte durante los meses siguientes. Por un lado estaba el trabajo político-militar y por otro el trabajo de masas, sobre todo con sectores mineros. Luego de algunos meses viviendo en Lima, Graciela y Carla se van a vivir con Enrique en Bolivia, aunque las actividades de este no estaban limitadas a la capital boliviana sino que abarcaba la frontera boliviano-peruana, algunas otras provincias y, en particular, Cochabamba. Graciela por su parte retomó la militancia en el PRTB y comenzó a trabajar en apoyo a movilizaciones mineras.

Graciela y Carla

El 76 fue un año muy duro para América Latina, y en especial para los países del Cono Sur. Con el Plan Cóndor funcionando y en el marco de los operativos represivos desplegados en el año desaparecen 60 uruguayos en Argentina y en Uruguay. En marzo se produce el golpe de Estado en Argentina. Se lleva a cabo el operativo represivo contra el PVP en ese país. En junio-julio se realiza el traslado clandestino de 22 militantes del PVP y dos del MLN desde Argentina hacia Uruguay, el grupo de detenidos formará parte de un procedimiento de blanqueo conocido como Operación Chalet Susy. En los procedimientos llevados a cabo en junio-julio en Buenos Aires desaparecen un niño y dos dirigentes sindicales. Entre el 23 setiembre y el 4 octubre desaparecen 23 militantes del PVP en Argentina. En el mismo operativo desaparecen tres niños.

En el correr del año y sin fecha precisa siete sindicalistas son detenidos; el resto de los militantes sindicales detenidos llega a la cifra de 101 personas. Nueve comunistas mueren en prisión en el correr del año.

En Buenos Aires desaparece el Dr. Manuel Liberoff, que había sido compañero de papá en las Facultad de Medicina durante toda la carrera y habían sido buenos amigos. Tiempo después será visto en el Centro Clandestino de Detención Automotores Orletti. También son detenidos y asesinados, Héctor Gutiérrez Ruiz, Zelmar Michelini, Rosario Barredo y William Whitelaw. Siete tupamaros mueren en el correr del año; cuatro que estaban detenidos en Uruguay y otros tres mueren en Argentina. Continúan los operativos represivos contra el PCU y la UJC. Comienzan a aparecer con frecuencia cadáveres en las costas uruguayas.

En Uruguay dos argentinos vinculados a Montoneros son detenidos y desaparecen. Junto a ellos es secuestrada la hija de ambos. Cinco militantes del MLN desaparecen en Uruguay y Argentina. Dos militantes del PCR desaparecen en Argentina. Siete militantes comunistas desaparecen en Uruguay y Argentina. Diecinueve cadáveres NN aparecen en las costas uruguayas.

El general Hugo Banzer estaba ligado a la burguesía de Santa Cruz (mezcla de inmigrantes alemanes pro nazis con la vieja oligarquía terrateniente) que había apoyado los anteriores golpes de estado. A cambio de este nuevo apoyo, el dictador le otorgó la mayoría de los créditos obtenidos en el exterior durante los primeros años de su gobierno, que en su mayor parte procedían de Argentina.

Esta burguesía que desdeñaba a indios y mestizos del altiplano, fue la que presionó al dictador para que invirtiera más en la represión al PRTB-ELN. Esa misma burguesía, treinta y pico de años después, tratará permanentemente de desestabilizar a Evo Morales, el primer presidente indígena boliviano, que llevará un cambio a ese país andino.

Banzer siempre encontró refugio en Argentina. En 1971 ese país se convirtió en su base de operaciones para planificar el golpe de estado contra Juan José Tores que lo llevaría al poder. El 3 de noviembre de 1975, crea el Fondo Nacional de Defensa para la compra de armamentos *"que garantizarán la seguridad"* del país y el 5 llegan armas de Argentina que serán utilizadas en el combate al ELN-PRTB.

Desde comienzos de 1976 la presencia de agentes de inteligencia encubiertos, paramilitares y parapoliciales argentinos en Bolivia era permanente. Banzer cooperó arduamente con las fuerzas represivas argentinas entregando ciudadanos argentinos que hoy están desparecidos, a cambio de favores económicos y políticos. La estrecha colaboración entre las fuerzas armadas bolivianas y argentina tiene su punto más alto cuando se conforma el Plan Cóndor.

Muchos de los paramilitares argentinos que llegaban a Bolivia eran ayudados económicamente por el conocido nazi Klauss Altman o Klauss Barbis, vinculado a la burguesía alemana de Santa Cruz. Luego contratado por el Ministerio del Interior. Restablecida la democracia en Bolivia, se intentó un juicio al dictador Banzer y a los violadores de derechos humanos, juicio empantanado políticamente que no llegó a puerto alguno. La mayoría de las violaciones a los derechos humanos fueron silenciadas.

El 2 de abril de 1976, Graciela y Carla fueron secuestradas por agentes del Departamento de Orden Publico (DOP) en Oruro. Cuando ya estaban por dormir sintieron ruidos. La puerta fue destrozada. En las oficinas del DOP Graciela fue brutalmente golpeada por agentes de seguridad que le preguntaban por el paradero de su compañero. Toda la noche y parte de la mañana del día siguiente se extendió el interrogatorio, mientras a la niña de nueve meses se le negaba el alimento. Enrique estaba en Cochabamba, pero su pensamiento estaba junto a ellas. Sin embargo no imaginaba lo que les estaba ocurriendo en aquel momento.

Ela fue torturada por el agente del organismo Gemio y por el Jefe del departamento de Orden Publico Guido Benavidez. Finalmente decidieron trasladarlas a La Paz en donde las separan. Graciela fue llevada a distintas dependencias del Ministerio del Interior y Carlita ingresada en el orfelinato "Hogar Carlos Villegas" de la capital boliviana, donde permanece bajo el nombre supuesto de Norah Nentala, y con el encargo de mantenerla vigilada.

Carlita fue internada en el Hogar Carlos Villegas a las 18h45 del 2 a pedido del Guillermo Moscoso (Subsecretario de Inteligencia del Ministerio del Interior y de Hernán Castedo (Vicepresidente de la Junta de Acción Social). La presidenta de esa Junta era Yolanda de Banzer (esposa del dictador) y la directora nacional del menor la doctora Gloria Blunke de Ayala. Al ingresar al hogar pasó a ser atendida por la trabajadora social Rosario Morales.

Según testimonios, pensaron en este hogar por la proximidad con el Ministerio del Interior. La beba era llevada a las sesiones de tortura que sufría la madre. Así la presionaban con su presencia. En el momento de la internación, Moscoso y Castedo recomendaron a los funcionarios el máximo de discreción respecto al caso. Indicaron que no era posible dar su nombres ni el de sus padres por el carácter especial de la situación y debido a las órdenes impartidas directamente por el ministro del interior general Pereda Azbún. De igual manera se indicó que en la mañana del lunes 5, un "profesional" del servicio social y otra funcionaria de la institución se presentarían con el objeto de completar la información y recoger a la bebe. Ese día, Carla fue trasladada al Hogar Villa Fátima por Laura Lafaye.

Al ingresar al lugar hogar la trabajadora social que se hizo cargo fue Nancy de Cenzano. Informaron de lo delicado del caso y la necesidad de una vigilancia especial por parte del personal. También indicaron que la niña estaría allí hasta que las "autoridades" del gobierno creyeran conveniente recogerla. Estas referencias fueron dadas por Fanny Dellaine (Jefe de la Dirección del Servicio Social - Dirección Regional del Menor de La Paz).

A pesar de estar desde el 5 en Villa Fátima, la internación de Carlita recién fue aprobada por el tribunal tutelar del menor el día 14 de julio en base a la ficha social, el informe de la jefa de servicio social y la correspondiente tarjeta de internación visada por el servicio médico y firmada por la supervisora del servicio social. Por lo tanto la beba, que el 28 de junio cumplió su primer año, estaba tácitamente secuestrada por orden del Ministro del Interior, ya que ni siquiera estaba con su nombre, no se dio información a cerca de sus familiares y no se buscó a estos para entregarla.

El día que fue detenida Graciela, fue capturada también Hilda Heredia, el 12 de abril fue apresado herido Rubén Romero. Las caídas empezaban a sucederse. Enrique estaba

desesperado, antes de intentar un arriesgado operativo para
rescatarla intentó que el padre de Graciela reclamara a Carla
quien llevaba su apellido. Entró en contacto con nosotros por
intermedio de un compañero del ELN que viajó a Buenos
Aires. El llevó la partida de nacimiento de Carlita y dinero para
entregarla al padre de Graciela, quien tendría la misión de
reclamarla y luego entregarla a mamá. Ni la Vieja ni nosotros
podíamos reclamarla porque no llevaba nuestro apellido. Por
otra parte, Enrique estaba como Alberto Virosta, y
presentarnos era identificarlo. Además teníamos otros dos
hermanos requeridos que estaban en Cuba. Era una situación
tremenda y angustiante para todos. El padre de Ela, a pesar
de no tener una relación fluida con ella, era el más indicado
porque además de llevar su apellido no tenía ningún vínculo
político de izquierda y contaba con una buena posición social.
Debía retirarla del hogar Villa Fátima y entregarla para que
mamá la criara. Lamentablemente él nunca fue a buscarla.

La represión boliviana, uruguaya, argentina y chilena unidas
en las redes del Plan Cóndor buscaban a Enrique. No sé si él
estaba realmente al tanto de lo que eso significaba. A pesar
de la situación, en su última carta intentaba mostrar cierta
tranquilidad y esperanza de que la niña sería recuperada:

28 de mayo 1976

Querida madre y hermanos:
He recibido vuestras cartas, lo que me ha alegrado
mucho, ya que hacia tiempo no sabía nada de ustedes.
Actualmente no tengo muchas noticias, ya que recién
dentro de dos semanas sabré algo, pero la situación
parece buena, al parecer ya el padre de Ela ha venido a
buscar la niña, aún no tengo noticias pero apenas sepa
les escribiré. Yo me encuentro muy bien pero muy
afligido por ustedes. Se que la situación económica es
muy difícil (...).
Es fundamental que los muchachos redoblen su trabajo.
Aunque les parezca mentira, les estoy escribiendo y
tomando mate. Voy a tener nuevas noticias de los

hermanos (Omar y Joaquín), en cuanto lleguen se las envío, se que se encuentran muy bien. Les envío fotos de ellos y del hermano y madre de Ela.
Las cartas de ustedes las pueden enviar a los del tío de Ela y este me las va a mandar. Deben tener cuidado con lo que escriban, que no se preste a malos entendidos.
Bueno espero escribirte para tu cumpleaños.

Un abrazo y un beso grande.
Enrique

En Uruguay, en junio de 1976, la Junta de Oficiales Generales le envió una carta al entonces presidente Juan María Bordaberry, firmada por el Comandante en Jefe del Ejército general Julio César Vadora, en la cual le retiraban el apoyo. Meses más tarde este mismo general recibirá directamente de Pereda Azbún la información sobre la caída de Enrique.

En Argentina, en junio del 76, la situación del ERP y de otras organizaciones era muy difícil. Santucho buscó la posibilidad de llegar a la unidad con fuerzas afines, pero fue imposible. En eso estaba cuando, el 19 de julio, se produjo un ataque militar a su vivienda, donde tenía una reunión con Liliana Delfino, Domingo Mena, su compañera Ana María Lancillotto de Mena y Benito Urteaga.

Santucho pidió a los demás que salieran y él con Urteaga enfrentaron el ataque. Lucharon hasta caer en el combate. Cuando los militares informaron sobre la muerte de los dos, no dijeron nada que habían capturado vivos a Menna, su compañera (que estaba embarazada y su hijo o hija fue robado por los represores) y a Liliana Delfino (compañera de Santucho). Patricia Erb, sobreviviente de la cárcel clandestina de Campo de Mayo, contará años después que "Mingo", engrillado, le daba aliento a ella, muy torturada, y contaba historias de la guerra de Vietnam. Tanto Mingo como Ana María permanecen desaparecidos. Su hijo, secuestrado por los represores, será recuperado cuarenta años después, en octubre de 2016, por las Abuelas de Plaza de Mayo.

El tiempo pasó rápidamente y el 25 de agosto a las 13h20 se presentaron en Villa Fátima tres hombres y una mujer del Servicio de Inteligencia del Ministerio del Interior que no se identificaron. Portaban una carta firmada por el coronel Ernesto Cadima Valdez solicitando la entrega de Carlita alegando que debía viajar inmediatamente con su madre hacia fuera del país sin dar mas detalles.
La mujer frecuentaba el hogar y era conocida como Cloty, un nombre de guerra. Luzmila Sarmiento, una de las trabajadoras sociales del lugar dijo después que intentó impedir la salida, argumentando que para sacar a la niña necesitaban una autorización de la Dirección del Menor .

La administradora del hogar María Paz Boyan, se comunicó con la Directora Nacional del Menor Gloria de Ayala. Esta pidió hablar con uno de los policías y luego de la conversación se comprometió a pasar a firmar la autorización. La trabajadora social dijo que iría con ellos, pero los policías salieron rápidamente sin llevarla. Según ella, la propia Cloty fue quien bajó a Carlita de la sala y la transportó en sus brazos hacia un jepp policial, sin dejar que antes fuera cambiada de ropa.

En medio del pánico de algunas y la complicidad de otras, Carlita estaba siendo secuestrada nuevamente por funcionarios del Estado boliviano, llevada a la fuerza del orfanato. Una nueva acción de terrorismo de Estado. El mismo día 25, a las 15 horas, Graciela fue obligada a firmar un documento donde constaba haber recibido a la niña en perfecto estado salud. El 29 de agosto de 1976 a las 10h15, Carlita y Graciela fueron entregadas en la frontera Villazón-La Quiaca a las fuerzas represivas argentinas, por orden del propio Pereda Azbún.

Los agentes que intervinieron en el operativo fueron Edgar Vargas y Gregorio Goyo Mendoza, asesinado años más tarde en circunstancias poco claras en la parte boliviana por un ajuste de cuentas, y un tal comandante Remy de la Gendarmería argentina en Villazón.

Otras tres personas eran jefes de frontera por la parte boliviana en aquel entonces: Gumercindo Espinosa y Gerardo Bernal como jefes del DOP, y René Caballero como jefe de migración. Gran parte de los documentos policiales y de inteligencia acumulados en el Ministerio del Interior de Bolivia desde el gobierno de Banzer hasta el de García Meza años después, fueron robados a la salida del ex militar y ministro de Meza, Luis Arce Gómez.

Con excepción de un radiograma de expulsión del Ministerio del Interior, que dice *"procédese expulsión argentinos Efrain Fernando Villlazola y Graciela Antonia Rutilo Artes, así mismo su hija menor Carla Graciela Virosta Rutilo por puente internacional. Atte. Jefe DO"*.

Según Pereda Azbún, la orden de expulsión fue tajante. Así, Graciela con su beba irán secuestradas hacia Argentina, llevadas a la cárcel clandestina, Automotores Orletti, donde estaban detenidos ilegalmente presos políticos uruguayos y argentinos. Carlita será nuevamente secuestrada al ser retirada de ese lugar por Eduardo Ruffo, lugarteniente de Aníbal Gordon en la Triple A (Alianza Anticomunista Argentina), grupo parapolicial amparado por el gobierno de Juan Domingo Perón e Isabel Martínez primero y por los militares después. Su esposa no podía quedar embarazada, tomó a la niña y la anotó como hija. Una especie de botín de guerra. Graciela permanecerá desaparecida.

Como los ojos de tantos jóvenes, como tantos ojos, los de Graciela se inundan de nostalgia… Las paredes agobian su pensamiento, lo estrechan. Caminan por sus ojos y se hacen fantasmas. Dentro de ella, no hay nada que reviva el mundo en la sangre de las venas. Todo parece vaciarse. La realidad se derrite en la memoria que, se pasea mil veces por su mente, por la mente de tantos y tantas secuestrados en

Orletti. Qué solo es el rumbo de la mirada. Qué ciego es el mundo de sus ojos, cuando la piel no toca nada. ¿Dónde estará Enrique? ¿Qué hacer con tanto sueño destruido? ¿Qué amar cuando la vida se desgrana? ¿Qué voz para quebrar tanta nostalgia?

Ese lugar que ella y tantas habitan es la mugre golpeando las entrañas, ensuciando la realidad, torturando el alma de los sueños que, supieron crecer alguna vez, con sonrisa crecieron, creyendo que la brisa refrescaba el rostro. Pero, ¿dónde quedó el amanecer? ¿Dónde quedaron las notas? ¿En cuál guitarra? ¿En cuál zamba o chacarera?

¿Qué hay después de la derrota?

En Uruguay y en todo el Cono Sur, las organizaciones políticas y sociales de la izquierda fueron el objetivo central de los operativos represivos a gran escala impulsados por las dictaduras, no solo los movimientos guerrilleros. Toda la izquierda fue perseguida de una u otra forma. Para los organismos de inteligencia uruguayos el objetivo era *"Destruir las Organizaciones Subversivas que atentan contra nuestra Seguridad Nacional desde el Interior del País o desde fuera de fronteras"*.

Para eso desarrollaron aparatos represivos, formas de seguimiento, diversos métodos de tortura, recolección y procesamiento de información, análisis del "enemigo" y coordinación vía Plan Cóndor. Estaban en guerra contra todos los sectores populares y progresistas. Habían superado las enseñanzas de Mitrione. Del otro lado, incluso las organizaciones guerrilleras o las que se movían en la clandestinidad, tal vez muchas veces no comprendían el enemigo que estaba enfrente y su capacidad represiva.

Los análisis de las fuerzas de seguridad de la época, conocidos años después en documentos secretos desclasificados, muestran en parte la información que habían adquirido sobre las diversas organizaciones en el país y en el exterior.

En esos documentos se puede ver dos análisis del OCOA (Organismo Coordinador de Operaciones Antisubversivas) de septiembre de 1976, sobre el MLN-T y la JCR, firmados por el general Esteban Cristi, comandante de la División de Ejército I, y por el mayor Juan Lezama de la División Informaciones de la OCOA. A pesar de lo escueto de los mismos, muestran que conocían bastante bien la realidad de las dos organizaciones en ese momento y se nota la importancia que le daban a la JCR, incluso para la sobrevivencia de lo que quedaba del MLN. Mencionan la estrategia del momento, los regionales, la salida de los "renunciantes" en el Comité Central de octubre del 74 y algunos otros detalles. En cuanto a la Junta señalan su organización, logística y efectivos.

El OCOA y el SID (Servicio de Información de Defensa) fueron dos entidades represivas vinculadas directamente al mando militar. OCOA fue responsable de la conducción de las "Operaciones Antisubversivas" coordinando acciones y operaciones de otras Fuerzas. Según un documento desclasificado, el Organismo estaba integrado por personal militar y policial de distintas unidades y armas. Actuaba directamente relacionado con el SID, el Departamento 2 (D-2) del Comando General del Ejército (CGE), el Cuerpo de Fusileros Navales (FUSNA), la Dirección Nacional de Información e Inteligencia (DNII), la Unidad de Servicio del Aeródromo "Capitán Boiso Lanza" (USACBL), la Prefectura Nacional Naval (PNN) y la Justicia Penal Militar (JPM).

Los oficiales de las distintas fuerzas destacados en OCOA *"trabajaban como Oficiales de Enlace a efectos de coordinar operaciones e información"*. Del OCOA y del SID dependían varios centros clandestinos de detención, algunos de los cuales fueron lugar de reclusión de los uruguayos que estuvieron secuestrados en Automotores Orletti (Centro Clandestino de Argentina) y fueron trasladados en forma ilegal hacia Uruguay.

Ante las bajas sufridas y un retroceso de la organización, el ELN-PRTB se decide a marcar presencia realizando algunas acciones militares de distinto tipo, entre ellas algunas dinamiteras para llamar la atención pública. Se evidenciaba que era imposible efectuar una guerra prolongada. Tal vez lo mejor era retroceder.

En esos momentos, Enrique les escribe a Joaquín y a Omar a Cuba, y les comenta que la situación era muy compleja y difícil de sostener. "*Solo nos queda servir de ejemplo*", les dice. Los hermanos en Cuba quedan preocupados. Imaginan el desenlace y no pueden hacer nada. Se sienten impotentes ante la situación. Ni siquiera hay forma ya de comunicarse con seguridad. En la misma época un día despierto soñando que Enrique había muerto. En esos momentos, en la vieja casa de Muñoz vivíamos solo mamá y yo. Daniel se había ido a Brasil. Hacia dónde iríamos nosotros después. Luego del sueño nos comunicamos por teléfono. Sin saberlo, de alguna manera, los dos presentíamos lo peor.

Omar y Joaquín sabían a qué se refería Guillermo con aquello de "ejemplo". Lo conocían un poco como para entender que no caería vivo, que solo ser "*ejemplo*" de futuros revolucionarios, podría, de alguna forma "*derrotar la derrota*"… Ahora me pregunto: ¿ejemplo para quién? Y pensando en la derrota, recuerdo a Fernando Pessoa, cuya poesía Enrique leía y admiraba por esa capacidad de desdoblarse en tres estilos diferentes, según el heterónimo que lo representara. Así, en medio del recuerdo, pensando en las derrotas, escribí *Una pregunta para Pessoa*, que dice así:

La pregunta no es ¿qué hay después de la muerte?
sino ¿qué hay después de la derrota?
La muerte es solo una sombra de la vida
la victoria es como la lluvia
que nunca puede mojar las sombras
las sombras son como un selfie:
desaparecen en un instante y vuelven a aparecer
las sombras son manchas en la lluvia
que surgen de la derrota del sol.

El sol es una sombra que se mira a sí misma
se ilumina a si misma
sin necesidad de reflejarse como la luna,
el sol es la derrota de la lluvia,
es la sombra en la mirada de Fernando Pessoa.

La vida es una derrota permanente

la muerte solo un reflejo, como la luna.
Después de la vida no hay vida ni muerte
después de la muerte no hay muerte
no hay victoria ni derrota después de la victoria
después de la derrota no hay derrota
Sabio é o que se contenta com o espectáculo do mundo,
decía Ricardo Reis,
y Alvaro de Campos le respondía:
a minha alma partiu-se como un vaso vazio.
Alberto Caeiro, en cambio, comentaba:
ser poeta no es una ambición mía,
es mi manera de estar solo.
Pessoa los miraba desde su muerte y se reía de la
derrota.

La pregunta no es ¿qué hay después de la derrota?,
la pregunta es ¿qué hay después?

¿Servir de ejemplo? ¿Qué hay después de servir de ejemplo? Hay palabras y frases que fueron exiliadas por muchos, sobre todo por quienes las defendieron en otras épocas. No, nadie sirve de ejemplo, ni el Che que ahora es una camiseta o una canción mal cantada. Enrique era ejemplo en vida y sigue siéndolo, pero no le harán caso… Sin embargo, en este mundo, la posibilidad de echar a caminar los sueños, no está irremediablemente condenada por la realidad. Siempre existirán pequeños rincones donde cobijarlos... Y tal vez algún día, esos pequeños rincones se hagan país. Pero antes, después y siempre, debemos cambiar la ética de la política, eso que tanto le preocupaba a Enrique y que a algunos nos sigue preocupando.

Tantos compañeros me han hablado de él con cariño. Tantos me dijeron que ojalá en el exterior hubiesen tenido tres dirigentes como él. Tantos admiraban ese compromiso. Ahora recuerdo una anécdota que me contó un compañero, sencillita tal vez, pero llena de vida:

Para mi seguía siendo el "Fune" del FER, pero le tenía un gran respeto. Un día me hizo subir a una palmera, por una apuesta. Corría 1972. Octubre, para ser más preciso. estábamos en una playa llena de cocoteros, y yo era un guacho buenazo y pelotudo, que por los compañeros hacía cualquier cosa. El "Fune" le dijo a otro compa: "¿Qué te apuesto que hago subir al Nacho a una palmera?". El otro, tan sinvergüenza se la sigue, y Enrique me dice: "¡Pa! ¡Qué bueno estaría para bajar unos cocos, pero claro, ta bravo pa subirse!" y el boludo que subscribe, dijo "dejá que yo voy", y me trepé. Me corté toda la panza y el pecho. Cuando bajé (más allá de que se habían cagado de la risa), Guillermo me agarró y me dijo: "¡Nacho: no podés ser tan ingenuo!" y me explicó que no podía jugarme solo porque fueran dirigentes o quien sea. Que no podía dejarme utilizar por nadie y que en esta lucha es necesario siempre ser un poco desconfiados y estar atentos por dónde viene el viento. No creo que conozca esta anécdota mucha gente, pero ese era el "Guille". Tal vez ahí empecé a aprender que hay que tener siempre, un ojo al frente y otro pal costado. Quien sabe cuantas veces sobreviví en la clandestinidad, gracias a esa pequeña enseñanza que me empezaba a decir que en la guerra no hay que ser inocente. Cuántas veces se habrá salvado el Guile por lo mismo. No sé si sirve, pero es una anécdota muy precisa, que se puede contar... Una anécdota que mostraba el gran ser humano que era…

La caída

En septiembre de 1976 los militares uruguayos colocan en la presidencia a Aparicio Méndez y decretan los Actos Institucionales 3 y 4 con los que se proscribe a la mayoría de los dirigentes políticos. El 20 de octubre se decreta el Acto Institucional Número 5 limitando la vigencia de los derechos humanos si lo requería la seguridad interna del país.

El PRTB-ELN que ya estaba semidestruido por traiciones y el accionar conjunto del ejército argentino-boliviano, el 17 de septiembre sufre un golpe definitivo. Ese día en un enfrentamiento caen Enrique y Pedro Silvetti, quien además de haber sido secretario de Juan José Torres era vinculo con otras organizaciones políticas y sociales. Simultáneamente es secuestrado en Buenos Aires Juan José Torres, cuyo cadáver aparecerá más tarde acribillado a balazos en las cercanías de Buenos Aires

Según algunas versiones, Guillermo y Silvetti fueron asesinados después de caer heridos, y luego fueron enterrados como NN en el Cementerio General de Cochabamba. Incluso se mencionaba una foto de Enrique con un rostro muy desmejorado como posiblemente tomada después de caer. Otra versión dice que en lugar de enterrarlos, desaparecieron los dos cuerpos. Según el gobierno boliviano, organismos defensores de los derechos humanos y algunos compañeros, los dos habrían muerto en el enfrentamiento y enterrados como NN en el Cementerio General de Cochabamba.

En 1981 la madre de Silvetti habría encontrado los cuerpos y habría hecho la exhumación, reduciendo los restos de ambos y trasladándolos a La Paz. La urna con cenizas y un hueso del cráneo de Enrique quedaron en la sede de ASOFAM (Asociación de Familiares de Desaparecidos y Mártires de la

Liberación Nacional), con su foto y una bandera del ELN, como una forma de homenaje a su lucha. Nunca se hicieron exámenes de ADN…

Un compañero del PRTB-ELN que estuvo en el momento del enfrentamiento me comentaba con cierta admiración por Enrique que "*cayó peleando*":

"Guillermo nos dijo a los más jóvenes, bueno a los que teníamos menos experiencia, que nos fuéramos por detrás que él se quedaba para cubrirnos. Pedro dijo que él también se quedaba. Tenían la consigna de que la dirección no podía caer viva. En medio del tiroteo, salimos de la casa hacia la retaguardia. Había una buena salida y un lugar donde esconderse cerca. Nos quedamos a una cuadra mirando el enfrentamiento, sufriendo por no poder hacer nada. Duró como dos horas. El ejército no podía entrar. Creo que los soldados tenían miedo al ver la respuesta desde adentro. Parecía imposible que solo dos hombres los mantuvieran a distancia, hasta que en un momento explotó la casa que era muy humilde. Al rato vimos que los soldados arrastraban los dos cuerpos. Cayeron en el combate. No creo que puedan haber salido vivos. Estaban masacrados. Aunque no se veía bien, se les notaba destrozados, por eso no creo en la versión de que hayan sido llevados todavía vivos a morir en la tortura. La foto que parece haber sido tomada después del enfrentamiento debe ser una foto de Lima o de otro momento. No sé, no creo que hayan salido vivos. Nosotros quedamos impresionados, algunos éramos muy jóvenes y teníamos un gran respeto por esos compañeros. No solo por su valor, si no por su fuerza política e ideológica. Con esa caída, la organización era prácticamente derrotada. No había nadie con el respeto de quienes habían caído que pudiera reconstruirla. Había también muchas dudas sobre traiciones que hacían imposible retomar la organización. En principio no sabíamos qué hacer. Sabíamos que teníamos que ponernos a salvo en ese momento y enseguida ver como continuaríamos la lucha. Un grupo decidimos dedicarnos enteramente al trabajo social con perfil bajo hasta que se generó la huelga de hambre contra Banzer en la que dedicamos todo nuestro esfuerzo. Después se generó la lucha social ya no solo a nivel minero sino por el agua, los indígenas, y nosotros fieles al legado de seguir insertándonos en las masas fuimos trabajando con los movimientos sociales. Y fue surgiendo el proceso de Evo y creímos en este proyecto. Pensamos que eran necesario fortalecerlo. Nunca se recuperan vidas tan grandes, pero el proceso que vive Bolivia, también tuvo el aporte de aquellos compañeros caídos".

La huelga de hambre que menciona el compañero ocurrirá días antes de la navidad de 1977, y será iniciada por cuatro mujeres luchadoras que exigen la liberación de sus esposos y de los presos políticos. En esa huelga jugará un papel fundamental Domitila Chungara. La medida sumará apoyos rápidamente y 22 días más tarde, cuando el número de huelguistas ya pase de 1.000, Banzer será obligado a ceder. Seis meses más tarde abandonará el poder. Con el desprestigio que fue sufriendo el dictador, se hará necesario un recambio. Se organizarán elecciones fraudulentas, de las cuales saldrá victorioso el candidato del gobierno, nada menos que Pereda Azbún. Pero se suscitan contradicciones internas en el ejército y Pereda será suplantado. Se sucederán diferentes gobiernos hasta que se abrirá la posibilidad de retornar a la democracia, pero vendrá un nuevo golpe militar en julio de 1980 y tardarán unos años hasta volver a la democracia.

En La Habana, Joaquín y Omar se enteran del enfrentamiento. Van a Prensa Latina y revisan todos los cables. Leen los diarios de Bolivia y de otros países. Se imaginaban que eso iba a ocurrir pero no podían ni querían creerlo. Lloran de rabia, de impotencia, pero buscan reponerse. Durante el breve gobierno de Lidia Gueiler, primero, y de Hernán Siles Zuazo después, funcionarios cubanos se dedicarán a reconstruir, con algunos testimonios, el camino de Enrique por Bolivia, y se encuentran, entre otras cosas, con el enorme cariño y respeto que le tenían los mineros. Para Cuba pasó a ser uno de los tantos "héroes" de la "*revolución latinoamericana*".

Días después del enfrentamiento, el general Pereda Azbún viajó a Montevideo donde fue recibido con honores por el alto mando militar al que le informó los detalles del combate y muerte de Enrique. También entregó documentación, entre ella el pasa porte a nombre de Alberto Virosta, que luego sería mencionado en prontuarios de inteligencia. Tuvo una extensa reunión con Vadora en la que se intercambió información del Plan Cóndor.

La Cancillería de Uruguay y la embajada en La Paz, estuvieron al tanto de lo ocurrido, pero estaban al servicio de la dictadura. El canciller era Juan Carlos Blanco del cual no es necesario mencionar quién era. El embajador era Francisco Bustillo del Campo que luego sería también representante en la OEA (Organización de Estados Americanos) donde sirvió de defensor del gobierno militar. El viaje de Pereda Azbún a Montevideo fue coordinado con la representación diplomática uruguaya en La Paz y la boliviana en Montevideo.

En Uruguay, ni la vieja ni yo, habíamos leído la noticia que salió en el diario *La Mañana* el 18 de septiembre. Tampoco la habían visto parientes o amigos. Mucho menos Daniel en Brasil. Ciertamente no era un diario que se leía mucho. Unos dos meses después llegó una carta de los hermanos en Cuba, no me acuerdo como. Llegué del liceo a las 12 y 30 y mamá no estaba. A eso de la 1 de la tarde, la Yunga, vecina de al lado, que siempre nos prestaba el teléfono, me avisó que tenía una llamada. Al levantar el tubo me dice el Vasco, un tío muy querido, hermano de la vieja: "*Venga para la casa mijo*". Le pegunté enseguida "*¿qué pasó?*" y el respondió: "*venga mijo, su mamá está acá, venga…*".

Pensé enseguida en Enrique pero me dije "*no es posible*". Luego en los hermanos de Cuba que ya hacia catorce años no veíamos y meses sin saber nada de ellos. La Yunga, que era una viejita linda y querida por todo el barrio, la que nos curaba de la culebrilla, mal de ojo, empacho y de los dolores de la vida, se dio cuenta de la situación en el momento, o ya sabía. Puso su mano en mi cabeza y dijo: "*mijito vaya tranquilo, mejor tome un taxi, no vaya en ómnibus, yo le doy para el taxi*". Le dije: "*no, prefiero ir en ómnibus para pensar un poco*". Volvió a decir: "*antes tome y ponga esto en su bolsillo*", y me dio una ramitas de ruda.

En el departamento del tío, estaba él, la tía Fermina, su esposa, también muy querida, y mamá que lloraba desconsoladamente. La abracé y le dije: "*hay que ver que pasó realmente, no llores*". Imaginaba algo, pero no sabía de qué se trataba. El Vasco, sin decir palabra, me pasó la carta. En ella los hermanos decían que si bien era un momento muy duro por lo que le había pasado a Enrique, debíamos ser fuertes y sobreponernos. No decían qué había ocurrido ni cómo, porque lo habían dicho en una carta anterior, de las tantas que nunca llegaron. Buscaban darle fuerza a la vieja. Asumí las palabras como una posibilidad y no derramé una lágrima. Le dije a la vieja, que no debíamos adelantarnos, que tal vez lo tenían preso o estaba en algún hospital herido, que nada estaba claro. Había aprendido que en momentos como esos era mejor mentirnos a nosotros mismos. Creo que estuvo como dos, tres, cuatro horas llorando… Ya no sé cuánto. Mientras el tío me daba unos mates, yo repetía que tal vez estaba desaparecido, que nada estaba claro.

El Vasquito me miraba, sacaba dos o tres chasquidos al mate, volvía a cebarlo, me miraba sin decir una palabra y me lo pasaba. Cuando creímos que mamá estaba mejor decidimos volver a la casa. Los tíos insistieron que mamá se quede. La vida le había enseñado a ella, y en buena parte a mi que había que enfrentarla. Salimos caminando lentamente hacia la parada del ómnibus. Durante todo el trayecto se me quebraba el corazón de verla llorar. Le repetía que no debía llorar, que tal vez las cosas no eran así. Pero además me había convencido que nosotros no podíamos ni debíamos llorar… A los poco minutos de que llegamos a la casa, vino la Yunga, solidaria como siempre con un tesito para mamá, unos bizcochitos y algunas hojitas de ruda.

La dejé con ella, me fui a mi cuarto, prendí un cigarro y encendí la radio. Había un partido de fútbol. Mientras escuchaba pensé por primera vez que era muy posible que para nuestra familia, para el viejo, la vieja y para nosotros cinco, la vida haya sido un error… Pero al otro día la vida seguía, peor que siempre, con una marca más hacia el futuro, pero seguía…

El 7 noviembre cae en combate Carlos Fonseca Amador, aquel revolucionario que dos años antes invitó a Enrique a irse para Nicaragua. Algunos testigos dijeron que Fonseca fue asesinado después de capturado. Su cadáver fue mutilado y mandaron sus manos a Managua para la identificación. Tras su muerte, las distintas tendencias del sandinismo finalmente se unieron.

Al concluir 1976 habían unos 80 militantes del PRTB-ELN muertos, presos o llevados a sus países. Casi toda la dirección formada en el Ampliado Ñankaguazú estaba presa o muerta, salvo Ruben Sánchez. Casualmente él, que casi no estaba en Bolivia, y el Chato Peredo, que se escondió muy bien, se habían salvado. Así es la guerra y a veces peor. De los militantes quedaban unos 60, buena parte muy jóvenes y bastante inexpertos salvo un grupo de mineros de Potosí. La represión había incautado armas, vehículos y la imprenta en que se hacía *El Proletario*, además de documentos internos. Cuando habían empezado a lograr cierta inserción social recibieron el mayor golpe. Las delaciones también hicieron estragos.

¿El activismo legal hizo descuidar la seguridad, algo que tanto cuidaba Enrique en la JCR? ¿Faltó capacidad en la mayoría de los militantes para saber combinar la lucha social y política abierta con la lucha militar? ¿No habían tantos cuadros formados para eso ya que la mayoría venían de un pasado militar, no de masas? ¿Hubo desconocimiento de la realidad boliviana no solo de los extranjeros sino de los propios bolivianos? El proceso de proletarización y de inserción en las masas no incluyó al pueblo indígena, el mayor sector social de Bolivia, tal vez también porque no sabían como integrarse a él. Tampoco se comprendió la idioscincracia andina y boliviana, los códigos, los símbolos para entender mejor a ese pueblo. Algo similar le había ocurrido al Che la década anterior.

En un Parte Especial de Información N° 776/BE/976, del 26 de noviembre de 1976, el Estado Mayor del Ejército de Uruguay reporta la muerte de Enrique en Bolivia el 17 de septiembre. El parte dice que ese día en un *"enfrentamiento armado sostenido por las Fuerzas de Seguridad Bolivianas y sediciosos del ELN de Bolivia se produce el fallecimiento"*.

En el Archivo de la Dirección Nacional de Información e Inteligencia fue hallada una ficha patronímica a nombre de Alberto Virosta. En el prontuario se explica que posteriormente se supo que era el documento falso utilizado por Enrique Lucas López. En un informe del Servicio de Información de Defensa Nacional, adscripto a la Junta de Comandantes en Jefe, dice:

> Es integrante de la organización extremista autodenominada MLN (Tupamaros). Va a Chile en marzo de 1972, siendo responsable del Sector Militar. En el mismo año integra el Comando en Chile, siendo responsable de propaganda. En setiembre del 72 viaja a Cuba con responsabilidades, teniendo a su cargo a la Colonia. Viaja a Montevideo a mediados de junio. Se encuentra comprendido en el Art. 1o Literal b) del Acto Institucional No. 4 por haber sido procesado el 1/VII/71 por los delitos previstos… Ocupación: Estudiante de Preparatorios de Medicina.

El 2 de junio de 1978, por pedido del Ministerio de Defensa al
Ministerio de Relaciones Exteriores de Uruguay, se emite un
informe sobre la muerte de Enrique en Bolivia que figura
dentro del expediente levantado cuando cayó preso en 1971.
La respuesta de Cancillería a Defensa dice así:

**Señor Ministro de Defensa Nacional Doctor D. Walter
Ravenna**

Señor Ministro:
Tengo el honor de dirigirme al Señor Ministro con
referencia a los oficios Noz. 46/78 y 207/78 de fechas 17
de febrero de 1978 y 6 de abril de 1978
respectivamente, recibidos en esta Cancillería del Juez
Militar de Instrucción de 3er. Turno, del Coronel Libio E.
Camps. A través de los mismos fue solicitada
información acerca del fallecimiento, en Bolivia, del
sedicioso uruguayo Enrique Joaquín Lucas Pérez.
Dada la carencia de la información referida en esta
Cancillería, la misma fue solicitada a nuestra Embajada
en Bolivia por télex cifrada No 0013 AD del 12 de abril
de 1978. En anexo a la presente remito al Señor
Ministro, copia de la información proporcionada por
nuestra Representación en dicho país.
Reitero al Señor Ministro, las seguridades de mi más alta
consideración.

Fernando Gómez Fyn- Embajador.
Director Interino para Asuntos de Política Exterior

La carta de la embajada en La Paz a Fernando Gómez Fyn,
en la cual se responde al pedido hecho por éste, está fechada
el 17 de abril de 1978, tiene una firma ilegible y dice:

Señor Embajador:
Adjunta a la presente tengo el agrado de enviarle una
foja de los antecedentes del ciudadano uruguayo
Enrique Joaquín Lucas López, más recorte de prensa

del periódico *Los Tiempos* de la ciudad de Cochabamba, relacionados al mismo caso.
Me valgo de la oportunidad, para expresar al Señor Embajador, el testimonio de mi más alta y distinguida consideración".

La foja de antecedentes que señala fue tomada del Ministerio del Interior de Bolivia, en la cual se repite lo mismo que señalan los expedientes en distintos organismos de inteligencia de Uruguay. Tal vez lo único diferente es que menciona el seudónimo Guillermo, dice que fue "*esposo de Graciela Rutilo Artes*", señala que "*figuró en la Prensa como los extremistas comprometidos en planes terroristas y su vinculación con actividades impulsadas por la extrema izquierda Internacional*", que era un "*elemento subversivo uruguayo*" y "*en agosto de 1975 pasaba en Bolivia como Alberto Virosta*".

Finaliza el informe diciendo: "*En setiembre de 1976 en una casa ubicada en la Villa Juan XXIII a cinco kilómetros de la ciudad de Cochabamba se produjo enfrentamiento entre Organismos de Seguridad y extremistas, encontrándose entre éstos el Sujeto, quien resultó muerto juntamente con Luis Camacho Suárez –Vicente- y Pedro Silvetti García. En dicho domicilio se incautó armamento, municiones, panfletos y un equipo impresor para propaganda*".

Este es el único documento en el que se le menciona a Camacho como muerto con Enrique y Silvetti. Ninguna de las distintas fuentes, lo mencionaron como fallecido en ese enfrentamiento.

Uniendo retazos

Redactar la historia de mi hermano, Enrique, o solo parte de ella, es como ir uniendo retazos de memoria. Pero a veces la memoria vuela más que las palabras y vuelve a colocarme en la encrucijada del tiempo, y en la encrucijada de los símbolos. En 1984 en Cuba, ocho años después de la caída de Enrique, en medio del reencuentro y del recuerdo, de su presencia, y tres años antes de la muerte de Joaquín se da una conversación entre él y mamá, que es una partecita más entre tantos retazos... Otro hermano, otra historia, pero sigue siendo parte de la misma historia... No estuve presente, pero es como si hubiese estado y así la relaté en su momento:

¿Qué pedazo de vida aprieta él entre sus manos? ¿Una flor, un fruto, un mundo? ¿Qué son las manos sosteniendo el silencio? Es tan difícil el tiempo sin palabras. Son tantas las alas que necesitan las palabras para volar. Tanto que decir para ponerse al día. Tanto tiempo... La voz susurra apenas: "¡Cuántos años mijo!". El acaricia las manos de ella y se queda mirándolas con alguna lágrima bordeando la mejilla. Sus ojos evitan encontrar los de ella que, regalan un destello de amor, una chispita de comprensión y recuerdos, en el rostro que empieza a preparar la expresión del reencuentro, que intenta dejar de lado las lágrimas, que quiere invadir de alegría la mañana. ¿Cómo se puede espantar los dolores, sin que las palabras traigan hombres y mujeres bienqueridos, que se fueron? ¿Cómo preguntar por ellos y recordarlos, sin que la mañana se inunde de sangre, de sombras y ceniza?
Doce años de ternura imaginada a miles de kilómetros, de ausencias y regresos, dolores y rabias, fuegos y cárceles, nubes y lluvias, abruman de pronto la sala del aeropuerto habanero donde él la mira sin saber qué decir. "Hace tanto que quería verlo mijo", dice ella, con

esa voz pausada, llena de paz. Esa voz que lleva a cuestas todo el dolor de la tierra, todo el tenebroso dolor de su Montevideo, oscuro por las sombras, con las almas encerradas y las miradas intentando quebrar los muros.

Doce años robados a la locura de tanta muerte, de tantos espejos rotos, de tantas balas en las paredes de un país que espera. Y como debía ser, los ojos y las lágrimas se chocan, y ella habla nuevamente: "Tiene el pelo blanco mijo, parece que los años no han pasado en vano". Y de repente, por su cabeza pasa la vida en cinco segundos, pasa su soledad que es la de tantas madres, pasan sus cinco hijos, las rejas, la casa, los tambores sonando en las madrugadas de febrero, las tardes de mate y tortas fritas en la vereda. Pasa un mundo acurrucado en un rincón del corazón.

El la mira, le pide perdón por no haber pensado en ella, le toca el pelo y le dice: "Te has envejecido vieja". Ella se sonríe, acaricia su cara y contesta: "No hay que perdonar. Lo que había que hacer se hizo, mijo. Lástima haber perdido. Lástima que pasó lo que pasó". Y en ese mismo momento, por la cabeza de él, pasa la vida en cinco segundos; pasa su soledad, que es la de tantos; pasa la lluvia del invierno montevideano; los muchachos en la esquina; los árboles del barrio, asesinados; los libros de la casa, quemados; las noches clandestinas, de ojos abiertos; la playa, el café, los amigos, las consignas, el hermano que se fue, los hermanos...

Y las palabras invaden los minutos, y en el trayecto por la Vía Blanca rumbo a Santa Cruz del Norte, se van poniendo al día. Para cada nombre que él recuerda, hay una respuesta diferente de ella, hasta que baja la cabeza y el silencio vuelve por unos segundos. Y así, venciendo el temor a preguntas sin respuestas, van reconstruyendo un mundo quebrado. Y el día se marcha, y la noche sigue sin sueños, detallando ausencias y presencias. Y la luna entra por la ventana, entran las estrellas, la miradas, las alas, por todas las ventanas de la casa, que se inunda de luz. Ella -la madre- y él -el hijo-, siguen charlando, uniendo los retazos de doce años separados, rumbo a la madrugada, sin interrupciones ¿Quién puede intentar que se detenga un diálogo que derrotó las trampas del silencio?

La historia de la mirada, tal vez sea una de las más ricas y sentidas en este camino que me propone la memoria... Y esta mirada que surge ahora y que se suma a la tarea permanente de ir uniendo nuestros retazos en el camino, es como ver las miradas de Guillermo y de Graciela nuevamente:

Agosto de 1985.
La noche deslumbrante y helada sirve de fondo. Ella está ahí, mirándome, con sus ojitos entre vivarachos y sorprendidos. Su carita muestra un mundo de contradicciones que no puede ocultar, no sabe si decirme tío o llamarme Kintto. Al principio actúa tratando de protegerse, luego se va abriendo. Al hablar trata de mostrarse fuerte, como que no teme a nada, sin embargo en algunos momentos sus ojos se llenan de lágrimas. Tiene solo diez años y hoy su vida tuvo un cambio total.
Nueve años antes, el 2 de abril de 1976 Carla había entrado en una pesadilla. Cuando los años de oscuridad comienzan a irse, con testimonios de algunos sobrevivientes de Orletti, tiempo de investigación de las Abuelas de Plaza de Mayo, confrontación de datos y mucho caminar se logrará armar el rompecabezas del recorrido de Carlita, hasta que será ubicada. Pero Eduardo Ruffo logrará huir un tiempo con ella porque mantendrá sus contactos en organismos de inteligencia argentinos. Cada vez que esté por ser capturado, le avisarán para que escape. Sin embargo, la noche del 24 de agosto de 1985 no tuvo suerte, su casa fue rodeada por la policía argentina y fue preso. Tras la detención, el juez da la tutela de Carla a su abuela materna, Matilde Artés.
"*Tus ojos son iguales a los míos*", dijo la niña al verme. Buscaba reconocerse en su verdadera familia. Y de a

poco fue encontrando su historia... Días después, tras realizarse el examen hematológico que comprobó que ella era Carla, las lágrimas, el abrazo fuerte y aquel "*soy 99.98% tu sobrina*", marcaba el reencuentro con su identidad.

Después de este recorrido por el tiempo transcurrido, yendo y viniendo del pasado, caminando por la memoria, reconstruyendo los recuerdos de a pedazos, recuperando los pasos en el camino y los retazos de una revolución que no fue, se me ocurre que es un momento de terminar el relato, y creo que es necesario retomar en el presente su juventud, pensar en los jóvenes de ayer y hoy tantas veces recordados para ser olvidados.

Hay una carta que escribí a Pepe en noviembre de 2009, cuando fue elegido Presidente de la República, sí Presidente de la República Oriental del Uruguay, una carta que tenía y tiene mucho que ver con Enrique. Esa carta intenta poner en el centro de la política a la juventud, más allá de los momentos, es una reivindicación de la juventud y lo reivindica.

Sé que esa carta fue leída, no sé si fue escuchada, pero sé que la reivindicación de la juventud de hoy y de ayer, sigue siendo la misma, y sigue siendo necesario ver los procesos, los caminos, los errores, para que no vuelva a ocurrir lo mismo. Es una buena carta para terminar esta narración, que recuerda parte de la vida y lucha de un joven. Sus pasos en el camino son, en parte, los pasos de la juventud de hoy. Esa carta a Pepe dice así:

Querido Compañero José Mujica, Viejo Pepe:

Hay sensaciones y sentimientos encontrados en estas horas. Pienso en la bandera gigante de Otorgués que llega por Ejido a la vieja playa Ramírez de tantos encuentros y desencuentros en mi mundo de gurí. Cientos, miles de banderas. La luna asoma y la brisa trae un aire fresco como el que trajeron los jóvenes a esta campaña electoral. Los jóvenes han dado una lección, tantas veces aprendida y desaprendida: no se puede ir ni atrás ni adelante del pueblo hay que caminar a su lado.

Ver a Galeano conversando contigo la noche previa a la elección, en un local lleno de gente de diversos países de la América de acá abajo, y sentir que están ahí es como reivindicar al Uruguay. Eduardo es parte de la mejor imagen del país. Más que cualquier Ministro o embajador, parte del Uruguay respetado y admirado en el exterior. Ver al pueblo este domingo en las calles, un pueblo que te siente parte suya. Ver a varios compañeros y compañeros que pudieron estar para vivirlo con los ojos brillantes.

¡Cuantas lágrimas de emoción surgieron de nuestros ojos, de nuestro corazón y de nuestro recuerdo este domingo! Nunca mejor remarcar, como lo hiciste que esta batalla la dieron tantos compañeros y compañeras anónimos que no se ubicaron para la foto a la hora del triunfo, y que ellos debían estar en el estrado. Allá por enero cuando tantos dudaban que pudieras ser candidato escribí en un artículo, recurriendo a Hegel, que reunías entorno a ti diversos elementos simbólicos que te colocaban como parte indisolublemente ligada al espíritu de la época. El espíritu de la época lo construyen los pueblos.

Hay momentos que los pueblos dan un paso atrás y dejan que los apurados corran. Entonces, esos apurados creen que van rápido, buscando atajos, y se asemejan a un caballo desbocado. Finalmente los menos apuraditos, que venían atrás, llegan junto a los pueblos.

Hay momentos que los pueblos se cansan de esperar a los que se retrasan demasiado, a los que creen que el camino es parte de la burocracia. Entonces les pasan por arriba y se desbocan, se rebelan, dejan de creer. Aquellos que se quedan siempre atrás, ven que la gente se va, se aleja y puede desbocarse. Entonces gana la derecha. Ahí se preguntan qué hacer sin la gente y maldicen a la gente…

Hay un momento para iniciar los cambios y otro para profundizarlos. La profundización de esos cambios se debe hacer en el momento adecuado, ni antes ni después. El momento en que la gente acompaña construyendo su futuro, creando y recreando el sueño individual y colectivo. Hay que saber que la gente te puede acompañar pero no significa que vaya contigo construyendo la realidad. Hay que saber entender cuando la gente va junto a ti ayudando a crear y recrear ese sueño individual y colectivo, del cual un gobierno puede ser una partecita nomás, y cuándo solo te acompaña sin involucrase en el camino.

Qué hubiese sido esta campaña sin esa gente joven que llamó a defender la alegría. Sin la gente que se jugó a pesar de quienes creen que el camino es una caja bien cuadrada, quieta armadita institucionalizada, casi tanto como el local central del Frente Amplio. Qué hubiese sido de la gente si vos no hubieses revivido la esperanza. Qué hubiese sido de vos sin la gente y sin la esperanza.

La elección Compañero, Viejo Pepe, te coloca en un enorme compromiso. Nadie tiene un compromiso tan grande con la gente como vos, y casi-casi no tenés derecho a fallar. Ningún Presidente ha tenido un compromiso tan grande. Es dura, pero es así compañero. Es así por toda tu historia, la de todos los momentos. Es así por todos los que no están y se jugaron para que este país y la América de acá abajo sean algo mejor, algunos dejando su vida muy jóvenes, tan jóvenes como esos que hoy dieron vuelta la campaña. Es así porque la América Latina tiene cifrada una gran esperanza en vos. Es así porque los orientales y orientalas ven que vos sos casi-casi una fotografía de la esperanza.

Compañero, un gobierno se construye con pasión, con razón y con eficiencia. Pero ningún gobierno progresista se construye sin la gente.

Este tiempo es un tiempo para soñar, para reforzar la esperanza, para construir utopías, mañana será un tiempo para que los sueños, las esperanzas y las utopías se empaten con la realidad. Nunca te olvides que vos pasas pero la gente sigue, ahí atada a una historia que las escriben quienes sobreviven, atada a una esperanza posible, atada sus sueños de futuro. Viejo Pepe, no dejés que se extravíe la esperanza. Menuda tareíta te toca. Pero así es la vida. Seguramente la vas a enfrentar como la enfrentaste siempre, buscando y rebuscando que este paisito sea un poco mejor, un poco más igual, un poco más de todos y de todas.

En estas horas, recordando a mi hermano Enrique, que cayó pensando-haciendo la revolución; pienso también en ese enorme desafío de lograr que los jóvenes no queden en el camino. Quedarse en el camino ya no es encontrar la muerte en un enfrentamiento, es cansarse de las piedras que ponen burócratas viejos y jóvenes. Quedarse en el Camino puede ser irse del país para ser extranjero en todos lados, incluido el paisito porque no se tuvo el lugar necesario para seguir en el camino. Quedarse en el camino no es solo la falta de un trabajo, es la falta de un espacio de participación donde opinar y decidir, donde ayudar a construir el camino, sin ser solamente utilizados...

Ahora, recordando a Raúl Sendic siempre, el joven y el viejo Raúl. Aquel del que tanto aprendimos, y del que seguimos aprendiendo. El Raúl de las marchas cañeras y los análisis económicos dando luces. El Raúl de la dignidad, quedándose en el país cuando podía haberse ido como lo dijiste alguna vez. El Raúl y que apostaba a los jóvenes, al verdadero compromiso y la creatividad de los jóvenes. Ahora, recordando tu propio camino querido compañero, Viejo Pepe, ahora es un buen momento para decirte como siempre, que Habrá Patria para Todos, seguramente que Habrá Patria para Todos...

¡Hasta Siempre Carlita!

Un año y medio después de publicarse la primera edición de este libro, en febrero de 2017, luego de un camino de lucha por los derechos humanos, de reivindicación de la memoria de sus padres, de una vida tan difícil, a los 41 años, Carla se fue… tras luchar varios años contra un cáncer. Había sido una de las primeras nietas desaparecidas en recuperar su identidad.

¡Cuánta tristeza junta! No creo que exista ninguna otra vida, pero qué lindo sería que se pueda encontrar con su viejo y su vieja, aunque sea por unos minutos… Difícil expresar algo más. Solo el inmenso dolor y recordar aquel abrazo fuerte y aquel *"soy 99.98% tu sobrina"*.

KINTTO LUCAS

Escritor y periodista uruguayo-ecuatoriano. Premio
Latinoamericano de Periodismo José Martí 1990.
Vicecanciller de Ecuador, 2010-2012. Embajador Itinerante de
Uruguay para UNASUR, CELAC y ALBA, 2013. Pluma de la
Dignidad de la Unión Nacional de Periodistas del Ecuador
2004.

Docente de periodismo y de actualidad política y geopolítica y
conferencista en diversas universidades, instituciones
estatales y organismos internacionales. Asesor de la
Asamblea Constituyente de Ecuador, 2008. Fue director y
editor de diversos periódicos y revistas, corresponsal de la
Agencia Inter Press Service y ha escrito para diversos medios
latinoamericanos y europeos. Recibió la Condecoración al
Mérito en el Grado de Gran Cruz del Gobierno de Perú y el
Botón de Oro Ho Chi Minh de Vietnam.

Algunos de sus libros son: Rebeliones indígenas y Negras en
América Latina; Mujeres del Siglo XX; La rebelión de los
indios (en inglés con el título We Will Not Dance on Our
Grandparent's Tombs. Indigenous uprisings in Ecuador); Plan
Colombia. La paz armada; El movimiento indígena y las
acrobacias del coronel; Con sabor a gol -fútbol y periodismo-;
Rafael Correa: Un extraño en Carondelet; La guerra en casa –
De Reyes a la Base de Manta-; Tal Cual Es -el camino de
José Mujica a la presidencia; El arca de la realidad –de la
cultura del silencio a wikileaks-; Retratos Escritos; Ecuador
Cara y Cruz –del levantamiento del noventa a la Revolución
Ciudadana – (Tres Tomos) y El Naufragio de la Humanidad /
O Naufrágio da Humanidade.